超実践

ヘブル語文法の手ほどき

原典を
書いて、読んで、
味わう

城倉啓

いのちのことば社

序にかえて～本書のねらいと使い方～

本書のねらい

この本は、ヘブル語の文法知識と旧約聖書を原典で読むこととを「つなぐ」実用書です。これが第１のねらいです。文法を一通り学んだうえで、いざ原典を開いてもまったく歯が立たないという経験は、聖書語学においてよくあることです。文法書も辞書もあるはずなのに使い方がよくわからないのです。

この本は、入門文法書『超入門　ヘブル語のススメ ── 聖書を原典で読もう』（城倉啓著、いのちのことば社、2022年。以下『ススメ』）と、ヘブル語聖書の全単語を収録した『ヘブル語語彙集』（同、2023年。以下『語彙集』）と完全にリンクしています。ふんだんに用意した本書のヒントを利用すると、『ススメ』と『語彙集』という道具の使い方をマスターしながら、読者は自然にヘブル語の聖句をじかに理解できるようになっていきます。

この本は、有名な聖句ばかり11箇所を集めた問題集でもあります。読者は練習問題を解くようにゲーム感覚で暗号解読に挑戦することができます。各聖句には難易度を★印の数で示しています。徐々にヒントを用いないようにすることもお勧めです。そして、11の聖句以外の「本物の原典」にも挑戦してほしいと願っています。

第２のねらいは、この本に「単なる問題集」を超えた付加価値をいくつも付けていることです。この本は、11の聖句についての著者の解釈と翻訳を知る注解書でもあります。旧約聖書は多様な文書群です。それらは相呼応し、反響し合い影響し合っています。その事情を意識した聖書研究の思考経路や、説教一歩手前までの過程を学ぶことができます。

この本は、原典の音読の手助けをし、原典をなぞり書きもできる黙想書です。それらしい読み方で何回も音読することで、聖句を味わうことができます。また、書写することで霊性を培うことができます。

この本は『ススメ』や『語彙集』がなくても１冊で完結していますし、それと同時に『ススメ』や『語彙集』を補完もしています。『ススメ』ではカタカナ読みばかりでしたが、本書では音写記号による音読を可能としています。また『語彙集』に所収できなかった不規則な名詞や動詞の活用表も載せています。

この本はヘブル語原典までを手ほどきした、「超実践書」として類書が見当たらないユニークな一冊です。

本書の使い方

STEP. 0　音読

冒頭に掲げられた聖書本文と音写記号を見比べながら音読をします。大声で読んで霊性を高めることができます。また単語を覚える記憶の助けにもなります。本書 6～9 ページを使ってください。だんだん音写記号なしで読めるようになってきます。暗号解読と翻訳に力を入れたい人は、このステップを飛ばしてもかまいません。

STEP. 1　暗号解読

聖書本文の次に「作業スペース」をもうけています。この作業スペースに適宜メモをして単語ごとの意味を突きとめていきます。本書 10 ～ 13 ページを使ってください。ひとつずつの単語の分析のコツを本文に載せています。本文だけのヒントでは難しいと感じる人は脚注をご覧ください。脚注には『ススメ』と『語彙集』の当該ページが記されています。辞書の見出しを探り当て、どのように活用しているかを分析し、前置詞や人称語尾等が付け加わっているならば指摘し、その 1 単語の意味を作業スペースに書き留めておきます。

例

	辞書の見出し	品詞	分析	訳
וַיֹּאמֶר	אָמַר	動詞	ワウ継続法未完了接続詞 ＋動詞パアル未完了 三人称男性単数	そして彼は言った
הָאֱלֹהִים	אֱלֹהִים	名詞	冠詞＋ 名詞男性複数独立	その神々

STEP. 2　単語のおさらい／全体一気見

作業スペースに書き留めておいた内容との答え合わせをします。各単語の意味を把握します。複数の意味があってかまいません。

STEP. 3　統語

もろもろの単語群を、意味をなす一文にまとめます。統語のコツも本文に記しています。適宜脚注も用いてください。この時点でも複数の翻訳がありえます。

STEP. 4　自分訳

著者の訳を読みます。そして、その翻訳に込めた解釈を読みます。次第に、著者訳を見る前に読者ご自身の翻訳が生まれてくるはずです。慣れないうちは、先に著者訳を見てから、STEP.1 を始めてもかまいません。また、さまざまな日本語訳聖書／各国語訳聖書と見比べるのも楽しいでしょう。

STEP.5　なぞり書き

さまざまな思いを胸に抱きながら、丁寧にヘブル語聖句をなぞっていきます。書き間違えを気にせずできるので安心です。集中して書写する中で霊性が深まっていきます。

以上の一連の過程で、ヘブル語聖書を味わい尽くすことができます。

どうぞヘブル語聖書を深めてください。

凡　例

＊品詞

動……**動詞**

名……**名詞**

男単独……男性・単数・独立形

男単合……男性・単数・合成形

男複独……男性・複数・独立形

男複合……男性・複数・合成形

男双独……男性・双数・独立形

男双合……男性・双数・合成形

女単独……女性・単数・独立形

女単合……女性・単数・合成形

女複独……女性・複数・独立形

女複合……女性・複数・合成形

女双独……女性・双数・独立形

女双合……女性・双数・合成形

人代……人称代名詞

関代……関係代名詞

指代……指示代名詞

数……数詞

形……形容詞

間……間投詞

前……前置詞

接……接続詞

疑……疑問詞

否……否定詞

冠……冠詞

＊分析

人尾……人称語尾

一共単……一人称・共通・単数

二男単……二人称・男性・単数

二女単……二人称・女性・単数

三男単……三人称・男性・単数

三女単……三人称・女性・単数

一共複……一人称・共通・複数

二男複……二人称・男性・複数

二女複……二人称・女性・複数

三男複……三人称・男性・複数

三女複……三人称・女性・複数

三共複……三人称・共通・複数

パ……パアル語幹

ニ……ニファル語幹

ピ……ピエル語幹

プ……プアル語幹

ヒト……ヒトパエル語幹

ヒフ……ヒフィル語幹

ホ……ホファル語幹

未……未完了形

完……完了形

命……命令形

分……分詞

不……不定詞

目次

序にかえて ～本書のねらいと使い方～ 002
ヘブル語解読“虎の巻” 006

Q.1 詩篇 23篇1節 Psalm 23:1 014

Q.2 レビ記 19章18節 Leviticus 19:18 020

Q.3 伝道者の書 1章1-2節 Ecclesiastes 1:1-2 028

Q.4 申命記 6章4-5節 Deuteronomy 6:4-5 035

Q.5 出エジプト記 3章11-12節 Exodus 3:11-12 042

Q.6 出エジプト記 3章13-14節 Exodus 3:13-14 051

Q.7 箴言 8章22-25節 Proverbs 8:22-25 058

Q.8 創世記 1章1-5節 Genesis 1:1-5 066

Q.9 ミカ書 4章1-3節 Micah 4:1-3 076

イザヤ書 2章2-4節 Isaiah 2:2-4 076

Q.10 ヨブ記 38章1-4節 Job 38:1-4 092

Q.11 列王記第一 19章8-9節 1Kings 19:8-9 100

付録・活用表一覧 106
おわりに 110

表1 ヘブル語アルファベットと音写記号

子音	手書き風	名称	音写記号	発音
א	א	アレフ	⊃	※母音記号をそのまま読む
ב	ב	ベート	Ḇ	息を抜きながらBの音（V音）
בּ	בּ		B	Bの音
ג	ג	ギメル	Ḡ	息を抜きながらGの音
גּ	גּ		G	Gの音
ד	ד	ダレト	Ḏ	息を抜きながらDの音（TH有声音）
דּ	דּ		D	Dの音
ה	ה	ヘー	H	Hの音
ו	ו	ワウ	W	Wの音
ז	ז	ザイン	Z	Zの音
ח	ח	ヘート	Ḥ	強く息を吐きながらHの音
ט	ט	テート	Ṭ	ねっとりとTの音
י	י	ヨード	Y	Yの音
ךְ כ	ך כ	カフ	Ḵ	息を抜きながらKの音（ドイツ語のCH音）
כּ	כּ		K	Kの音
ל	ל	ラメド	L	Lの音
ם מ	ם מ	メム	M	Mの音
ן נ	ן נ	ヌン	N	Nの音
ס	ס	サメフ	S	Sの音
ע	ע	アイン	⊂	母音記号を喉の奥で読む
ף פ	ף פ	ペー	P̄	息を抜きながらPの音（F音）
פּ	פּ		P	Pの音
ץ צ	ץ צ	ツァデー	Ṣ	TSの音
ק	ק	コーフ	Q	Qの音
ר	ר	レーシュ	R	Rの音（スペイン語の巻き舌）
שׂ	שׂ	スィン	Ś	Sの音
שׁ	שׁ	シン	Š	SHの音
ת	ת	タウ	Ṯ	息を抜きながらTの音（TH無声音）
תּ	תּ		T	Tの音

表2 （子音アルファベットがמの場合）מはMの音

音	最短母音	有音シェワ	短母音	長母音	長母音（準母音付）
a	מֲ Mă		מַ Ma	מָ Mā	מָה Mâ
i			מִ Mi		מִי Mî
u			מֻ Mu		מוּ Mû
e	מֱ Mĕ	מְ M^e	מֶ Me	מֵ Mē	מֵי Mê
o	מֳ Mŏ		מָ Mo	מֹ Mō	מוֹ Mô

表3 母音記号の名前

最短母音　子音アルファベットがמの場合

מֲ	ハテフ・パタハ	最も短い「ア」……マ
מֱ	ハテフ・セゴル	最も短い「エ」……メ
מֳ	ハテフ・カメツ	最も短い「オ」……モ

有音シェワ

מְ	シェワ	最も短い「エ」……メ

短母音

מַ	パタハ	短い「ア」……マ
מִ	ヒレク	短い「イ」……ミ
מֻ	キブツ	短い「ウ」……ム
מֶ	セゴル	短い「エ」……メ
מָ	小カメツ	短い「オ」……モ

長母音

מָ	大カメツ	長い「アー」……マー
מֵ	ツェレ	長い「エー」……メー
מֹ	ホレム	長い「オー」……モー

長母音（準母音付）

מָה	大カメツ・ヘー	長い「アー」……マー
מִי	ヒレク・ヨード	長い「イー」……ミー
מוּ	シュルク	長い「ウー」……ムー
מֵי	ツェレ・ヨード	長い「エー」……メー
מוֹ	ホレム・ワウ	長い「オー」……モー

※『ヘブル語のススメ』(19 ページ) より

表4 カメツ発音区別早わかり表

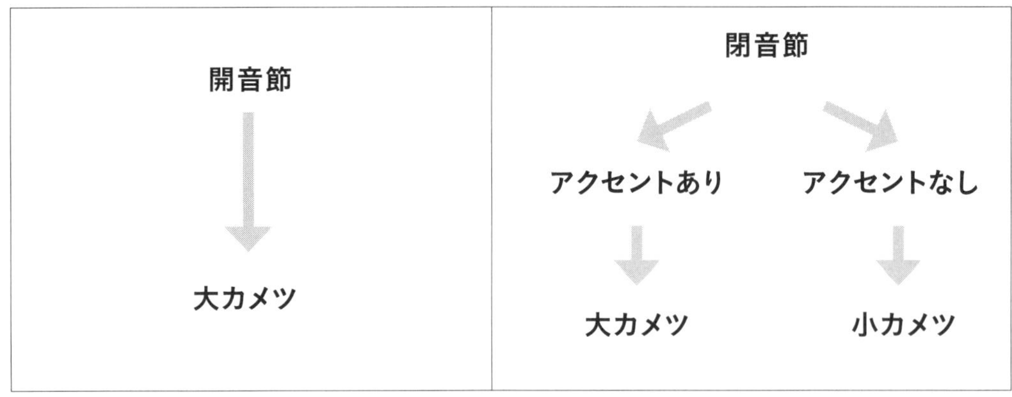

※『ヘブル語のススメ』(20 ページ) より

表5 シェワの区別早わかり表

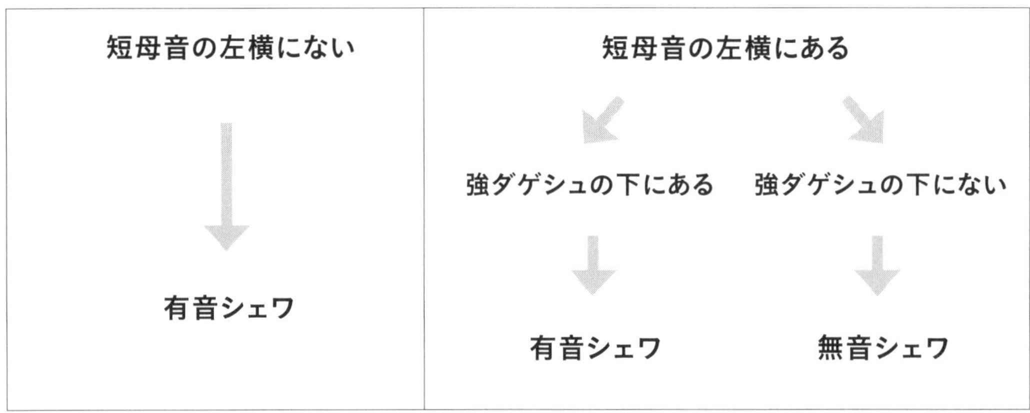

※『ヘブル語のススメ』(22 ページ) より

表6 ダゲシュの区別早わかり表

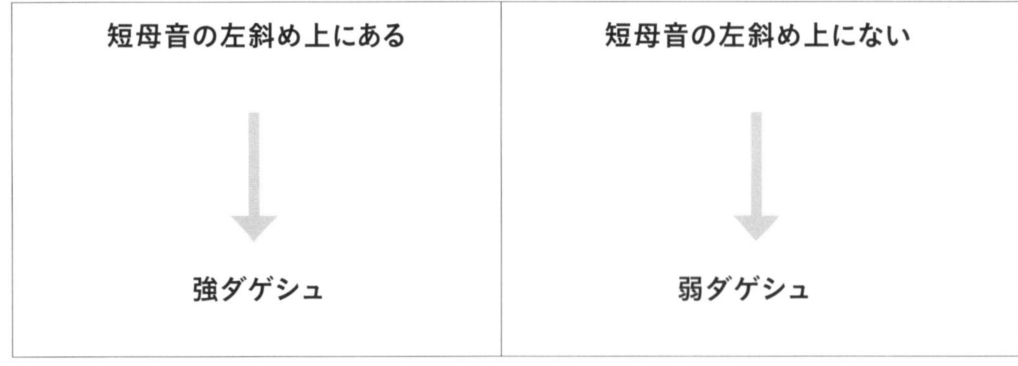

ダゲシュ・フローチャート

※『ヘブル語のススメ』(30ページ) より

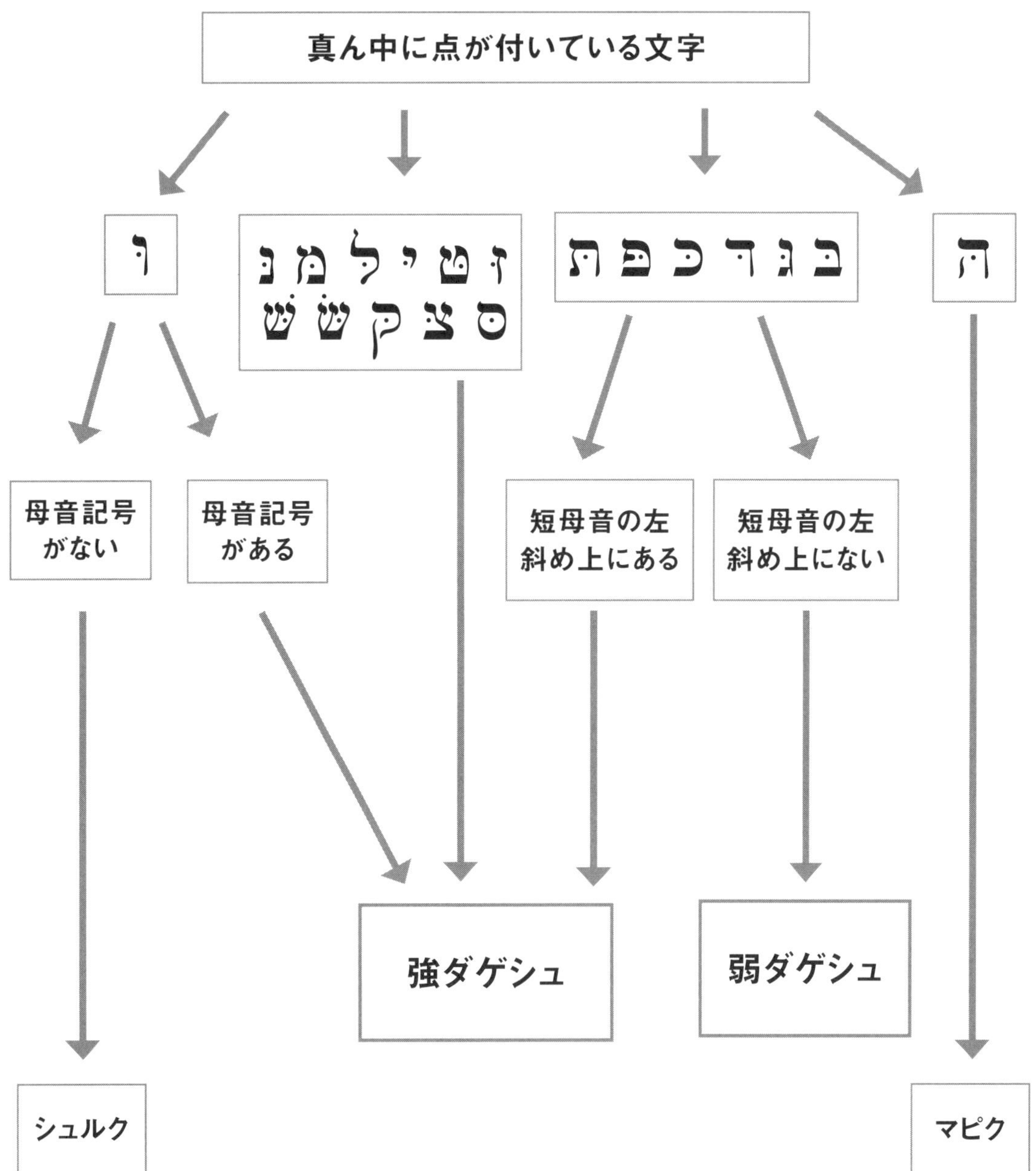

音節フローチャート

※『ヘブル語のススメ』(29ページ)より

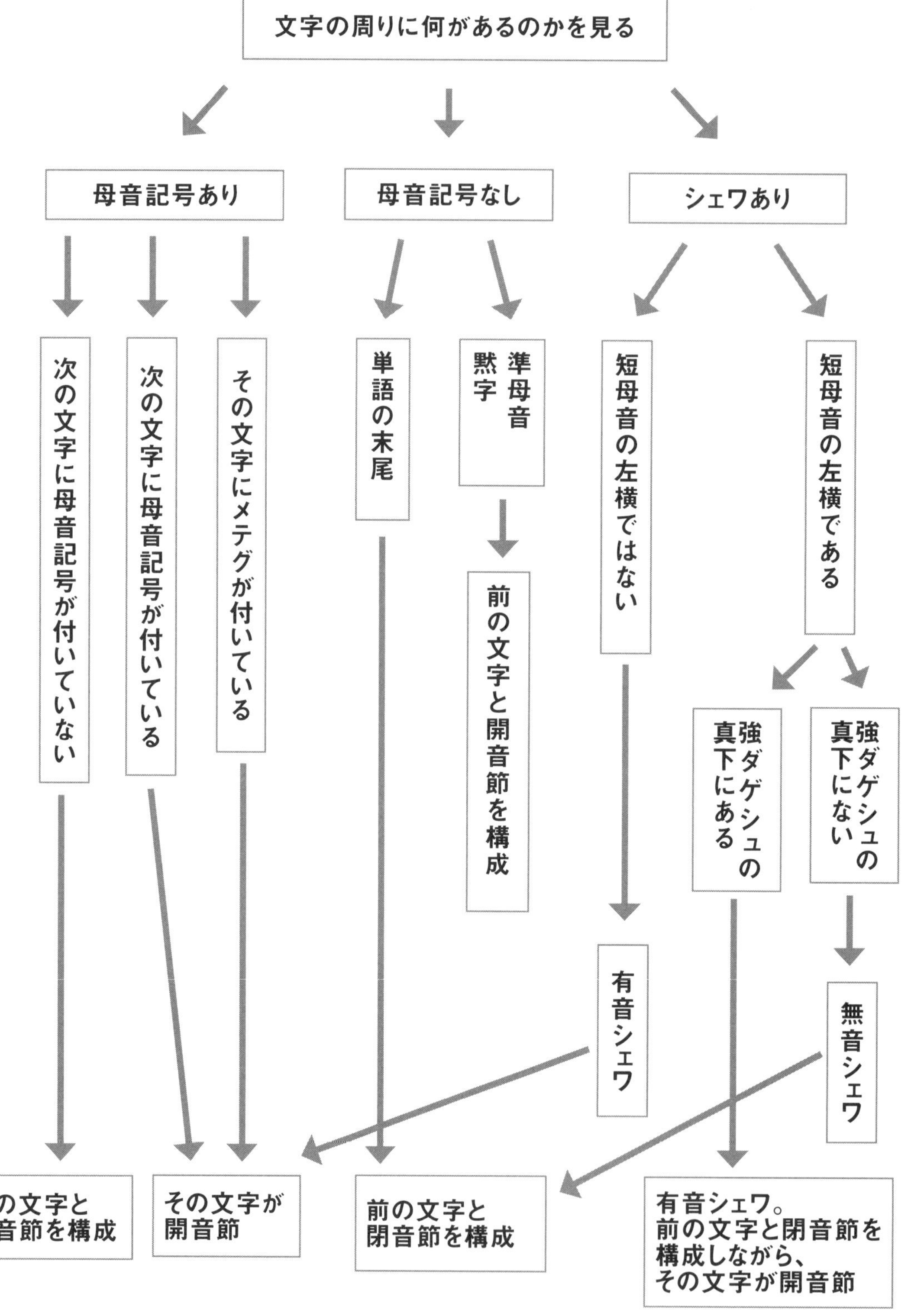

暗号解読フローチャート

※『ヘブル語のススメ』（146ページ）より

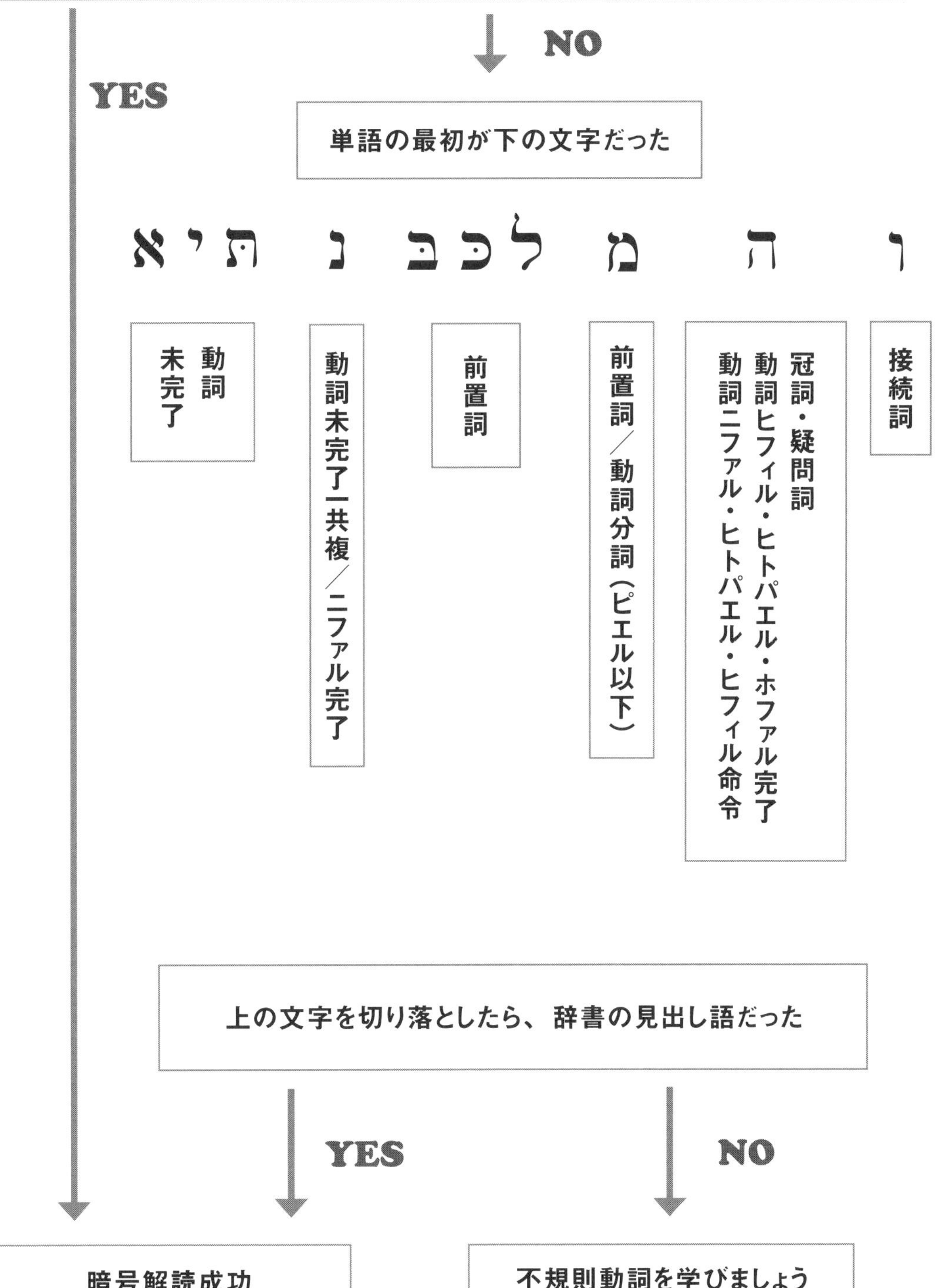

暗号解読の目印とりまとめ

※『ヘブル語のススメ』（182 ～ 185 ページ）より

語頭

א　動詞未完了一共単全語幹　**※本書に言う「あの４人」の１人**

בּ　前置詞

ה　冠詞
疑問詞
動詞完了ヒトパエル・ヒフィル・ホファル
動詞命令ニファル・ヒトパエル・ヒフィル
動詞不定詞ニファル・ヒトパエル・ヒフィル・ホファル

ו　接続詞

י　動詞未完了三男単・三男複全語幹　**※本書に言う「あの４人」の１人**

כּ　前置詞

ל　前置詞

מ　前置詞
動詞分詞ピエル・プアル・ヒトパエル・ヒフィル・ホファル

נ　動詞未完了一共複全語幹
動詞完了・未完了・分詞ニファル　**※本書に言う「あの４人」の１人**

תּ　動詞未完了三女単・二男単・二女単・
三女複・二男複・二女複全語幹　**※本書に言う「あの４人」の１人**

語中

וּ　動詞パアル受動態分詞
| –י 動詞完了・未完了・不定詞・分詞ホファル

וֹ　動詞不定詞独立パアル
| –י 動詞完了・分詞ニファル
| –י 動詞完了・未完了・命令・分詞ヒフィル

י　名詞男複合・男複独・男双合・男双独・女双合・女双独

語尾

ה

- 地名方角
- 名詞女単独
- 形容詞女単独
- 人称語尾三女単
- 動詞完了三女単全語幹
- 動詞未完了三女複・二女複全語幹
- 動詞命令二男単・二女複全語幹
- 動詞願望一共複全語幹
- 動詞分詞女単独全語幹

ו

- 名詞・前置詞・動詞人称語尾三男単
- 動詞人称語尾一共複
- 動詞完了三共複・一共複全語幹
- 動詞未完了三男複・二男複全語幹
- 動詞命令二男複全語幹

י

- 名詞・前置詞・動詞人称語尾一共単
- 名詞男複合・女双合
- 動詞完了一共単全語幹
- 動詞未完了二女単全語幹
- 動詞命令二女単全語幹
- 動詞分詞男複合全語幹

ך

- 名詞・前置詞・動詞人称語尾二男単・二女単

ם

- 名詞男複独・男双独・女双独
- 名詞・前置詞・動詞人称語尾二男複・三男複
- 形容詞男複
- 動詞完了二男複全語幹
- 動詞分詞男複独

ן

- 名詞・前置詞・動詞人称語尾二女複・三女複
- 動詞完了二女複全語幹

ת

- 名詞女複独・女単合・女複合
- 形容詞女複
- 動詞完了二男単・二女単全語幹
- 動詞分詞女単独・女複独・女単合・女複合全語幹
- Ⅰ-נ・Ⅰ-י・Ⅲ-ה 動詞不定詞合成形

Q.1 難易度 ★

詩篇 23篇 1節 Psalm 23:1

〈か〉〈お〉〈え〉〈う〉〈い〉〈あ〉

מִזְמוֹר לְדָוִד יְהוָה רֹעִי לֹא אֶחְסָר׃

作業スペース

「暗号解読」のために、この作業スペースを用いてください。頭が整理され、正確な訳ができるようになります。

「辞書の見出し語」と「品詞」が鍵です。そして、「分析」が肝です。名詞であれば性・数・形、動詞であれば語幹・視座・人称・性・数を記します。さらに、一文字前置詞や人称語尾など付け加わった要素も記してみましょう。

〈**あ**〉の単語だけは、例としてあらかじめ辞書の情報を記載しますが、この作業スペースは単語を分解し、辞書の見出し語を見つけるために辞書の情報を書き込んで、暗号解読作業をはかどらせるためのものです。ご自由にご活用ください。

	辞書の見出し語	品詞	分析	訳
〈あ〉 מִזְמוֹר	מִזְמוֹר	名詞	男性単数独立 (男単独)	賛歌
〈い〉 לְדָוִד				
〈う〉 יְהוָה				
〈え〉 רֹעִי				
〈お〉 לֹא				
〈か〉 אֶחְסָר				

〈**う**〉 語彙集71ページ左欄。

〈**え**〉 語彙集169ページ中欄。

〈**お**〉 語彙集87ページ右欄。

STEP.0 音読

※「読むのが面倒」という人は、飛ばしてもかまいません

本書では、子音アルファベットを大文字に、母音記号を小文字に音写します。

巻頭「ヘブル語解読“虎の巻”」にある「ヘブル語アルファベットと音写記号」や母音記号の一覧や「音節フローチャート」「ダゲシュ・フローチャート」一覧、「シェワの区別早わかり表」を用いて読んでみましょう。慣れないうちは下のように音写を筆記すると頭が整理されます。左から読みましょう。

〈あ〉	〈い〉	〈う〉	〈え〉	〈お〉	〈か〉
MiZMôR	LᵉḎāWiḎ *1	ᵓăḎōNāY *2	Rōᶜî	Lōᵓ	ᵓeḤSāR

なお、アクセント記号「レビア」（ ̇ ）がつけられていない場合は、つねに単語の最後にアクセントがあります。*3 アクセントがあるところは、気持ち伸ばして読んでください。「アトナハ」（ ֑ ）、「スィルーク」（ ֽ ）もアクセント記号です。長音化を引き起こすので記載します。また、スィルークがつくところには必ず「ソフ・パスーク」（ ׃ ）という記号もつけられます。ソフ・パスークは節の終わりを示す記号です。

STEP.1 暗号解読

そのままの形で辞書に載っていない単語を解読しましょう。「暗号解読フローチャート」（→11ページ）を使います。

〈い〉の単語 לְדָוִד

単語の最初の文字が ל です。「暗号解読フローチャート」によると、これは前置詞です。「一文字前置詞」は次の単語と合体します。*4 לְ を切り落として、דָוִד で辞書を引きましょう。有名な人名です。*5

---

*1 語頭の文字のシェワは必ず有音シェワです。「短母音の左横にない」からです（→本書8ページ「シェワの区別早わかり表」）。

*2 ススメ27ページ。神の固有名については聖四文字として特別に「私の主」（アドーナーイ）と読みます。

*3 ススメ23ページ。

*4 ススメ43ページ。語彙集87ページ右欄。

*5 語彙集42ページ左欄。

〈か〉の単語　אֶחְסָר

単語の最初の文字が א です。「暗号解読フローチャート」で確認してみましょう。それによると、これは動詞の未完了です。未完了形の動詞の人称接頭辞は תּ נ י א の4種類だけ。これを新約聖書の「使徒の働き」21章8節の表現をまねて「あの4人」と呼んでおきましょう。א も「あの4人」の1人です。[*6] א を切り落として3語根 חסר を取り出し、辞書を引きます。[*7] 状態動詞です[*8]。

〈え〉の単語　רֹעִי

「羊飼い」だけだと、なんだかモヤモヤします。「私の羊飼い」ではなかったかと、有名な聖句だけに違和感が残るのです。ここでもう一手間。「暗号解読の目印とりまとめ」(→12ページ)を使って、最後のモヤモヤを解消しましょう。

「暗号解読の目印とりまとめ」によると、語尾の י には「名詞・前置詞・動詞人称語尾一共単」ほかいろいろな可能性がありえます。רע という前置詞はありません。また動詞の語尾も ִי で終わるものは未完了・二女単しかなく、その場合、接頭辞 תִּ を必要とします。[*9]

動詞でもないとなると名詞の可能性が高いでしょう。רע (この単語が実在するのかどうかはこの時点で不明です！)という名詞の単数形に、人称語尾一共単が付いているのかもしれません。[*10]

辞書を引きます。רַע「悪」、רֵעַ「叫び」、רֹעַ「醜悪」……母音記号も、意味もなかなかぴったりの単語が見つかりません。うーん、手詰まりか……。ここで「ヘー(ה)は曲者」ということを頭にたたき込みましょう。何も言わず、痕跡なくいなくなるのが ה という文字の癖です。[*11] ヘブル語単語の基本は3文字。2文字しかない時には ה を補い、3文字にするのです。רעה！

こうして、רֹעֶה にたどりつき、[*12] この名詞に人称語尾一共単「私の」を付けた形であるという結論を得ます。モヤモヤが晴れました。ハレルヤ！

＊6　ススメ93ページ。

＊7　語彙集61ページ中欄。

＊8　ススメ108ページ。語彙集218ページ。節の最後の単語なので「長音化」が起こっています(→ススメ37ページ)。

＊9　ススメ96〜97ページ。

＊10　ススメ62ページ。

＊11　ススメ16ページ。

＊12　語彙集169ページ左欄。「不規則な名詞＋人称語尾」(→本書106〜107ページ)参照。

STEP.2 単語のおさらい

作業スペースには次のようなことがメモされているでしょうか。

	辞書の見出し語	品詞	分析	訳
〈あ〉 מִזְמוֹר	מִזְמוֹר	名詞	男単独	賛歌／〜の賛歌
〈い〉 לְדָוִד	דָוִד	名詞	前 לְ＋ 男単独	ダビデ のために／に属する
〈う〉 יְהוָה	יְהוָה	名詞	男単独	ヤハウェ／主
〈え〉 רֹעִי	רֹעֶה	名詞	名男単独＋ 人尾一共単	私の羊飼い
〈お〉 לֹא	לֹא	否定詞		〜ではない／〜ない
〈か〉 אֶחְסָר	חָסֵר	動詞	パ未一共単	私は不足する

ここまでくれば、もう一息でゴールです。

ばらばらに分析できた後は最後の総仕上げ。文をまとめあげる「統語」という作業にうつります。

STEP.3 統語

意味をなす文の可能性を、あげられるだけあげてみましょう。

〈あ〉〈い〉の２単語を詩の表題ととります。表題ととっても、「ダビデに属する賛歌」もしくは「ダビデのための賛歌」の２種類の翻訳がありえます。前者はダビデ自身が詩の作者という解釈、後者はダビデ王に献呈された詩であるという解釈です。

〈う〉〈え〉を名詞文ととることができます。[*13] その場合は２つの単語は主語・述語の関係となり、「ヤハウェは私の羊飼い」、ないしは「ヤハウェは羊飼い」という翻訳になります。「である」を補うかどうかは翻訳者次第です。日本語の体言止めも文体が引き締まると思います。

しかし、もう一つの可能性もあります。２つの単語をそれぞれ呼びかけの言葉ととるのです。「ヤハウェよ、私の羊飼いよ」ないしは「ヤハウェよ、羊飼いよ」という翻訳も不可能ではありません。

＊13　ススメ35、56ページ。

さらにさらに、２つの単語を同格ととることもできます。[*14]「ヤハウェなる羊飼いよ」。そんなに悪くないですよね。

〈**お**〉〈**か**〉を通常の語順どおりの「未完了形の否定文」ととることは自然です。主語が一人称ですから、未完了形であっても指示形（二・三人称）[*15] や、禁止命令（二人称）[*16] ではありません。「私は不足しない」が直訳ですが、未完了形なのでいろいろなニュアンスを込めることもできます。[*17]

つまり、「不足するはずがない」という強い意志や、「不足しないだろう」という中立的な未来予想、「不足しないかもしれない」というかなり不安な気持ちを込めることも可能です。

何をとるかは、ひとえに羊飼いである神をどのような救い主として信じているかにかかっています。ダビデにとって、また翻訳者自身にとって、自分自身の神信仰が肝心要のこととして問われているのです。

STEP.4 自分訳

翻訳可能性の組み合わせを選んで、ご自分の翻訳を確定させてください。

え？　私の訳ですか？　恥ずかしいですが、次のように訳しました。

ダビデに属する賛歌。
ヤハウェは私の羊飼い。
私は不足しない。

羊飼いだったダビデが羊になり、神がダビデの羊飼いとなっているところに妙があります。

古代西アジア世界では、人間の王は「羊飼い」にたとえられる存在でした。しかし、イスラエルにおいてはそうではありません。ヤハウェの神だけが王であるべきだからです。人間の王がしばしば「神の子」「神の代理人」「神そのもの」に神格化されることは、ヤハウェのみを礼拝することを目指して出エジプトを果たしたイスラエルになじまないのです。預言者サムエルが最後まで王制を導入する

＊14　ススメ56ページ。
＊15　ススメ114ページ。
＊16　ススメ134ページ。
＊17　ススメ90ページ。

ことに反対した所以(ゆえん)です（Ⅰサムエル8章)。

イスラエルの王となったダビデは、イスラエル王国が持つ独特の緊張感をよく知っていたと思います。知っていたはずでしたが、踏み外したことがあります。ウリヤとバテ・シェバ夫妻に対する「力の濫用」は厳しく問われるべきです。イスラエル王国の王は、自らが神となってはいけない、それゆえに羊の真の大牧者はヤハウェの神だけと高らかに歌い上げることが求められています。神のみを王とするためです（詩篇145篇1節)。

原文はたったの６単語、２単語ずつの３つの組み合わせ。しかし、深い内容を湛えているのです。

STEP.5 なぞり書き

心を込めて御言葉を書き写しましょう。神のことばを写し書くこともまた、霊性を養う敬虔な行為として古来より親しまれていました。修道院に聖書写本が多くあることでもそのことはわかります。ヘブル語原典のなぞり書きには筆ペンの使用をお勧めいたします。書初めもこれで！

聖書のことばを黙想しましょう。

Q.2 難易度 ★

レビ記 19章18節 Leviticus 19:18

〈け〉לְרֵעֲךָ 〈く〉וְאָהַבְתָּ 〈き〉עַמֶּךָ 〈か〉בְּנֵי 〈お〉אֶת 〈え〉תִטֹּר 〈う〉וְלֹא 〈い〉תִקֹּם 〈あ〉לֹא

〈し〉יְהוָה׃ 〈さ〉אֲנִי 〈こ〉כָּמוֹךָ

作業スペース

	辞書の見出し語	品詞	分析	訳
〈あ〉לֹא				
〈い〉תִקֹּם				
〈う〉וְלֹא				
〈え〉תִטֹּר				
〈お〉אֶת				
〈か〉בְּנֵי				
〈き〉עַמֶּךָ				
〈く〉וְאָהַבְתָּ				
〈け〉לְרֵעֲךָ				
〈こ〉כָּמוֹךָ				
〈さ〉אֲנִי				
〈し〉יְהוָה				

〈あ〉 Q1参照。

〈さ〉 語彙集17ページ右欄。

〈し〉 Q1参照。

STEP.0 音読

※「読むのが面倒」という人は、飛ばしてもかまいません

Lōᵓ-ṮiQQōM[*1] WᵉLōᵓ-ṮiṬṬōR ᵓeṮ-BᵉNê ᶜaMMeḴā
WᵉᵓāHaḆTā LᵉRēᶜᵃḴā KāMôḴā ᵓᵃNî ᵓᵃḎōNāY

STEP.1 暗号解読

そのままの形で辞書に載っていない単語を解読しましょう。「暗号解読フローチャート」を使います。

〈い〉の単語 תִקֹּם

単語の最初の文字が ת です。おそらく動詞の未完了形の接頭辞です。ת も「あの４人（人称接頭辞）」の一人です（→ 16 ページ参照）。

この ת を切り落として辞書を引きます。しかし、ちょっと待ってください。そうすると、קֹּם という２文字しか残りません。動詞の基本は３語根、３文字が必要です。何かを補って３文字を復元しなくてはいけません。「ダゲシュ・フローチャート」（→ 9 ページ）を見て、קּ のダゲシュが強ダゲシュであることに注目しましょう。強ダゲシュという「置き手紙」を残していなくなっている文字があります。そう נ です。[*2] これが נ という文字の癖であることを覚えておきましょう。「I － נ 動詞」（第 I 語根が נ である動詞）と察しをつけ、נ を補って נקם で辞書を引きます。[*3]

〈う〉の単語 וְלֹא

単語の最初の文字が ו です。「暗号解読フローチャート」により、これを「一文字接続詞」と見破ります。[*4] וְ を切り落としたら既出の לֹא（→ 17 ページ）が現れました。意味もわかりますね。

〈え〉の単語 תִטֹּר

単語の最初の文字が ת です。おそらく動詞の未完了形の接頭辞です。この

＊1　ススメ23～24ページ。マケフ（¯）で繋がっている単語群のアクセントは、最後の単語にのみあります。

＊2　ススメ45、160ページ。

＊3　語彙集121ページ左欄。本書107ページ「I － נ 動詞」נפל を見てみましょう。

＊4　ススメ46ページ。語彙集49ページ中欄。

ת を切り落として辞書を引きます。しかし טֹּר という２文字しか残りません。何かを補って３語根を復元しなくては。טּ のダゲシュは、またもや強ダゲシュ。デジャブ感満載です。強ダゲシュという「置き手紙」を残していなくなっている文字は נ です。I－נ 動詞と察しをつけて נטר で辞書を引きます。[*5]

〈お〉の単語　אֶת

次の単語につながるマケフ記号（ ־ ）が付いています。マケフは強い結びつきで２つの単語を合成し、前の単語のアクセントを消滅させ、前の単語の母音を短くさせます。「短音化」です。[*6] 短母音セゴル（ ֶ ）を元々の長さに復元し、אֵת という形で辞書を引きましょう。[*7] セゴルをツェレ（ ֵ ）にする、「つれえ」作業ですが。

〈か〉の単語　בְּנֵי

「暗号解読の目印とりまとめ」の י の項（→12ページ）を見ます。「名詞男複合・男双合・女双合」がきわめて怪しいです。なぜなら単なるヨードではなく母音記号と一組の長母音（準母音付）ツェレ・ヨードだからです。[*8] ツェレ・ヨードを切り落として בֵּן で辞書を引きます。語尾形にすることもお忘れなく。[*9] この名詞は男性名詞であり、一対のものではないので双数形を持っていません。男性・複数・合成形です。

〈き〉の単語　עַמְּךָ

「暗号解読の目印とりまとめ」の ךָ の項を見ます。名詞・前置詞・動詞いずれかの二男単または二女単の人称語尾です。母音記号はカメツ（ ָ ）。ということは二男単です。[*10] 品詞はまだわかりませんがとりあえず ךָ を切り落として עַם で辞書を引きます。ぴったりの男性名詞がありました。[*11] メム（ מ ）やヌン（ נ ）は発音の便宜のために強ダゲシュを打って、文字を二重に発音させることがあり

＊5　語彙集117ページ右欄。本書107ページのI－נ動詞の表を参照。

＊6　ススメ51ページ。

＊7　語彙集23ページ右欄。

＊8　ススメ50～51ページ。

＊9　語彙集29ページ右欄。

＊10　ススメ62ページ名詞、67ページ前置詞、127ページ動詞。

＊11　語彙集135ページ右欄。「不規則な名詞＋人称語尾」（→本書106～107ページ）参照。

ます。この部分（ ךָ ）は名詞に付いている人称語尾なので、所有の意味です。[*12]

〈**く**〉**の単語**　וְאָהַבְתָּ

5文字もあります。どうにかして3語根を取り出しましょう。冒頭の文字は〈**う**〉の単語にも付いていましたね。安心して切り落とせます。末尾の文字は暗号解読の「目印とりまとめ」によると、たくさん候補がありますが、一番臭いのは「動詞完了二男単」の「全語幹」です。なぜなら תָּ についている母音がカメツだからです。תָּ（ター）は、「アン**ター**、完了し**たー**！」の תָּ です。תָּ は完了動詞の二男単の人称語尾と覚えておきましょう。こうして冒頭と末尾の１文字ずつを切り落として、אהב で辞書を引きます。[*13]

〈**け**〉**の単語**　לְרֵעֲךָ

冒頭の ל は詩篇23篇で出てきましたね。一文字前置詞が疑わしいです。

末尾の ךָ も〈**き**〉の単語で出ましたね。名詞の人称語尾の匂いがプンプンします。この２つを切り落として辞書を引いてみましょう。[*14]

〈**こ**〉**の単語**　כָּמוֹךָ

これはあらかじめ申し上げておきましょう。この単語は語彙勝負。知らなければいつまでも辞書にたどり着けないタイプです。一文字前置詞 כְּ が人称語尾（今回は二男単ですね）を伴うとこのように長くなるのです。[*15]

STEP.2 単語のおさらい

さあ、作業スペースには次のようなメモが記されているでしょうか。

	辞書の見出し語	品詞	分析	訳
〈あ〉 לֹא	לֹא	否定詞		～ではない／～ない
〈い〉 תִקֹּם	נָקַם	動詞	パ未二男単	貴男は復讐する
〈う〉 וְלֹא	לֹא	否定詞	接 וְ ＋否	そして／しかし～ない

*12　ススメ61～62ページ。

*13　語彙集9ページ左欄。またもや状態動詞です。

*14　語彙集168ページ右欄。超短母音ハテフ・パタハを長音化すると短母音パタハになります。パタハだったところに人称語尾が付いて合成形となり、短音化します。

*15　ススメ64ページ。

〈え〉 תִּטֹּר	נָטַר	動詞	パ未二男単	貴男は恨む／憤る
〈お〉 אֶת	אֵת	名詞	男単合	～の鋤 ～を／～とともに
〈か〉 בְּנֵי	בֵּן	名詞	男複合	～の若者たち／闘士たち／息子たち
〈き〉 עַמֶּךָ	עַם	名詞	名男単合＋ 人尾二男単 ךָ	貴男の民
〈く〉 וְאָהַבְתָּ	אָהֵב	動詞	接 וְ＋ 動詞パ完二男単＋ 人尾二男単 תָּ	そして／しかし 貴男は愛した
〈け〉 לְרֵעֲךָ	רֵעַ	名詞	前 לְ＋名男単合＋ 人尾二男単 ךָ	～を／～のために 貴男の友人／仲間
〈こ〉 כָּמוֹךָ	כְּ	前置詞	前 כְּ＋ 人尾二男単 ךָ	貴男のように／ ～と同じ
〈さ〉 אֲנִי	אֲנִי	人称代名詞		私は
〈し〉 יְהוָה	יְהוָה	名詞	男単独	ヤハウェ／主

STEP.3 統語

「否定詞→動詞」は普通の語順です。〈**あ**〉と〈**い**〉の組み合わせ、〈**う**〉と〈**え**〉の組み合わせは自然であり、それぞれマケフによって強固に結び付けられています。〈**い**〉と〈**え**〉はどちらもI－נ動詞なので、発音とリズムがそっくりです。まるでラップ。マケフもそのリズム作りに一役買っています。発音とリズムの類似は、意味の類似を引き起こしています。〈**あ**〉〈**い**〉の一組と〈**う**〉〈**え**〉の一組は類義語なのです。

類義語だとすると、〈**え**〉の翻訳のうちでは「恨む」が一番〈**い**〉「復讐する」に近い意味ですね。さらに、類義語だとすると〈**う**〉の冒頭に付いている接続詞は「そして」「また」のような順接にしかならないでしょう。「しかし」という逆接は類義語を畳みかけていく表現になじまないからです。

לֹא＋未完了二人称には2通りの翻訳がありえます。単純な未完了の否定として「貴男は～しない」とするか、[*16] それとも絶対的禁止命令「貴男は～しては

＊16 単純な未完了であったとしても、詩篇23篇1節で学んだようにいろいろなニュアンスがありえます。

ならない」とするかです。[*17] この判断は次に出てくる動詞〈**く**〉の翻訳にまで影響を及ぼします（後述）。「貴男は復讐しない。そして貴男は恨まない」。もしくは「貴男は復讐してはならない。そして貴男は恨んではならない。」このどちらかを選ばなければなりません。

〈**お**〉には、名詞「〜の鋤」よりも前置詞が文脈にかないます。「恨む」対象・目的語がほしいからです。であれば「〜と共に」よりも「〜を」のほうがよいでしょうか。

〈**か**〉は合成形名詞なので後ろから翻訳し、「貴男の民の若者／闘士／息子たちを」というひとつながりとなります。

〈**く**〉にも２通りの考え方がありえます。

ひとつは単純に完了形ととることです。「そして／しかし貴男は愛した」という翻訳。単純な完了形とはいえ、預言者のように未来を断言することもできます。「そして貴男は愛するのだ」というように。なぜなら、完了とは話者の主観で断言する表現だからです。ここに時系列に沿った時制（現在・過去・未来）はありません。[*18] もうひとつは「ワウ継続法完了」ととることです。[*19] 両者の見かけは全く同じですから、どちらを選択するかは翻訳者次第です。

「ワウ継続法」は、複数の動詞を連続させる時に、あえて最初の動詞と異なる視座で描写することで、複数の動作が連続していることを示す表現です。ワウ継続法完了とワウ継続法未完了があります。ワウ継続法完了とは、「最初の動詞が未完了視座で、２番目以降の動詞がワウ＋完了視座」という意味の文法用語です。

ワウ継続法の場合、接続詞は必ず「そして」の意味となります。その上で、直前の動詞の未完了視座を継続し、その語り口も継承します。〈**う**〉〈**え**〉の組み合わせが「恨んではいけない」という絶対的禁止命令ならば、「愛さなければならない」という強い命令のまま語り口が継承されます。「恨まないだろう」という単純な未完了ならば「愛するだろう」という単純な未来予測のまま語り口が継承されます。

〈**く**〉の動詞も対象・目的語がほしいところ。そうなると〈**け**〉の冒頭の一文字前置詞には多様な翻訳可能性がありますが、目的語を受ける「〜を」と訳したほうがしっくりきます。〈**お**〉〈**か**〉〈**き**〉の目的語の塊と、〈**け**〉という目的語が、類義語であると自然です。そういうわけで、「貴男の友人／仲間／親密な人を」あたりが無難な翻訳です。〈**こ**〉「貴男のように／貴男と同じく」も合わせる

*17　ススメ134ページ。
*18　ススメ89〜90ページ。
*19　ススメ140〜141ページ。

と、だんだん有名な聖句っぽくなってきました。

〈**さ**〉と〈**し**〉の組み合わせは名詞文です。詩篇23篇1節と異なり、絶対に主語となる人称代名詞「私は」がありますので、両単語は主語と述語にしかなりません。[*20]「私はヤハウェ。」この表現は、「自署捺印」のような効果を持っています。レビ記19章に頻出していますが、名詞文で断言しているという語感を感じてくだされば幸いです。ちなみに、節を二分するアトナハ（ֽ）は「私はヤハウェ」の直前にありますから、この2単語のみが19章18節bです。[*21] 特別な強調があります。

STEP.4 自分訳

翻訳可能性の組み合わせを選んで、ご自分の翻訳を確定させてください。

直訳調の私訳は次のようです。

貴男は復讐するはずがない。そして、貴男は貴男の民の息子たちを恨むはずがない。そして、貴男は貴男と同様に貴男の仲間を愛するのだ。私がヤハウェ。

この聖句の後半は、イエスによれば律法全体の中で2番目に重要な言葉です（マルコ12章31節）。ルカの福音書では、この聖句を導入にして「サマリア人のたとえ話」が物語られ（10章27節以下）、「隣人愛」というものの本質をイエスは語り抜きました。復讐と恨みの連鎖や民族差別を乗り越える道は、自ら隣人となることです。ところで、イエスは節前半の未完了形の2つ1組の動詞文を省き、節後半の完了形の動詞文のみを引用しています。しかも接続詞「そして」（ギリシア語ではカイ）も省いています。

イエスはワウ継続法完了で語ったのでしょうか？　未完了の動詞がなければ、絶対的禁止命令を継続するようには聞こえません。ましてや「そして」がなければワウ継続法完了ではありえません。少なくとも聞き手にとってイエスの引用は「貴男は……愛するのだ！」という預言者的断言に聞こえたはずです。

イエスの本聖句についての解釈は「蒔(ま)いてもいないところから刈り取れ」というような酷な命令ではありません。むしろ信頼に満ちた、熱い呼びかけです。「誰でも自分と同じ人間仲間。禁止命令によってしぶしぶとではなく、自分から

＊20　ススメ35ページ。

＊21　ススメ149ページ。

進んで仲間になることが、誰にでもできる。その日が来ている！」
　ユダヤ教徒によるギリシア語訳旧約聖書はヤハウェを「主（キュリオス）」と翻訳しました。クリスチャンはイエスを「主（キュリオス）」と告白しました。「私がヤハウェ」という部分を引用しなかったイエスに向かって、私たちは「イエスが主」と賛美したいと思います。
　それにしても、男性が人類を代表しているかのような文法には辟易しますが（初心者のためになるべく直訳を心がけていますが）、その点は、現代に生きる読者のみなさんが工夫して包含的な自分訳を試みてください。

STEP.5 なぞり書き

לֹא־תִקֹּם וְלֹא־תִטֹּר אֶת־בְּנֵי עַמֶּךָ וְאָהַבְתָּ לְרֵעֲךָ
כָּמוֹךָ אֲנִי יְהוָה׃

聖書のことばを黙想しましょう。

Q.3 難易度 ★★

伝道者の書 1章 1-2節 Ecclesiastes 1:1-2

〈か〉〈お〉〈え〉〈う〉〈い〉〈あ〉
דִּבְרֵי קֹהֶלֶת בֶּן־דָּוִד מֶלֶךְ בִּירוּשָׁלָֽםִ׃
〈せ〉〈す〉〈し〉〈さ〉〈こ〉〈け〉〈く〉〈き〉
הֲבֵל הֲבָלִים אָמַר קֹהֶלֶת הֲבֵל הֲבָלִים הַכֹּל הָֽבֶל׃

作業スペース

	辞書の見出し語	品詞	分析	訳
〈あ〉 דִּבְרֵי				
〈い〉 קֹהֶלֶת				
〈う〉 בֶּן				
〈え〉 דָּוִד				
〈お〉 מֶלֶךְ				
〈か〉 בִּירוּשָׁלָםִ				
〈き〉 הֲבֵל				
〈く〉 הֲבָלִים				
〈け〉 אָמַר				
〈こ〉 קֹהֶלֶת				
〈さ〉 הֲבֵל				
〈し〉 הֲבָלִים				
〈す〉 הַכֹּל				
〈せ〉 הָבֶל				

STEP.0 音読

※「読むのが面倒」という人は、飛ばしてもかまいません

DiB̲Rê QōHeLeT̲ BeN-DāWiD̲ MeLeK̲ BîRûŠāLāiM
HăB̲ēL HăB̲āLîM ᵓāMaR QōHeLeT̲ HăB̲ēL HăB̲āLîM HaKKōL
HāB̲eL

STEP.1 暗号解読

〈あ〉の単語 דִּבְרֵי

ヒントはツェレ・ヨード（ֵי）という語尾。[*1]

〈う〉の単語 בֶּן

レビ記19章18節にも出てきましたね。合成形は短音化します。セゴル（ֶ）をツェレ（ֵ）に復元しましょう。

〈か〉の単語 בִּירוּשָׁלָם

語頭の בּ は、「暗号フローチャート」によると一文字前置詞です。今までで一文字前置詞「ベ・ケ・レ（לְ・כְּ・בְּ）」の3つはすべてて出ました。後はミン（מִן）が登場すればベニヤミンならぬ「ベ・ケ・レ・ミン」の完成です。[*2] בִּ を切り落として辞書を引きます。そう、あの有名な地名です。[*3]

〈き〉の単語 הֲבֵל

冒頭の1文字を疑問詞「〜か？」とにらんだ人は上級者。[*4] さらに「ベル」というバビロニアの神の名前を知っている人もかなりの上級者（イザヤ書46章1節）。「おぬしら、できるな。」もしかすると、著者はそのような皮肉（解釈を否定方向へと導くほのめかし）を込めているのかもしれません。この時点では、「ベルか？」という訳の可能性を残しておきましょう。

ただしかし、この単語は次の単語との関連で解読することが素直な道です。合

*1 ススメ51ページ。

*2 ススメ44ページ。

*3 語彙集78ページ中欄。なおヨードの下には無音シェワがあるべきです（ススメ44ページ）。無音シェワ付きヨード（יְ）が、直前の母音ヒレク（ִ）と融合して、準母音付長母音ヒレク・ヨード（ִי）に変化しています。これは一ひねりも二ひねりもある上等な文法知識です。

*4 ススメ136ページ。

成形名詞が先にあり、独立形名詞の後に連なっていると考えるのです。[*5] הֶבֶל という男性名詞の単数合成形は הֲבֵל という不規則な母音の付き方をするのです。[*6]「〜の息」「〜の霧」「〜の空しさ」という訳となります。

ところで הֶבֶל は人名でもありえます。カインに殺された弟アベルです。「ヘベルはアベル」と覚えれば、この不規則な合成形も記憶できそうです。もしかすると、著者は「義人アベル」のことを思い起こしながらこの聖句を書いているのかもしれません（マタイ23章35節ほか）。アベルとの重ね合わせはアベルの非業の死を悼むことや、聖句全体の解釈を肯定方向に導く要素にもなりえます。

〈く〉の単語　הֲבָלִים

語尾のヒレク・ヨード＋メム（ם ＋ ִי）の形で男複独と見破り、それらを切り落として辞書を引きましょう。そう、〈き〉の単語と同じです。[*7]

〈さ〉は〈き〉と同じ単語です。そして、〈し〉は〈く〉と同じ単語です。

〈す〉の単語　הַכֹּל

「ヘー・パタハ・強ダゲシュ」（・הַ）は冠詞の形です。[*8] ה を切り落として辞書を引きましょう。[*9]

〈せ〉の単語　הָבֶל

この単語は節の最後にあたって長音化しています。[*10] このヒントだけでわからない人は〈き〉の単語の説明を読み直してください。はい、セゴリム（第二音節の母音がセゴル（ ֶ ）で、第一音節にアクセントがある名詞）です。長母音大カメツを短母音セゴルに復元しましょう。ちなみに、アベルはこの長音化した形で聖書に初めて登場しています（創世4章2節）。そのためギリシア語訳以来「アベル」という音訳がなされているのでしょう。

＊5　ススメ54〜55ページ。

＊6　ススメ53ページの典型例の表にない形です。ちなみに〈お〉の単語もセゴリムです。こちらは53ページのとおり、単数合成形が単数独立形と同じかたちをとります。つまり〈お〉は「〜の王」かもしれません。

＊7　ススメ51ページ。

＊8　ススメ40〜41ページ。「ハッ」と気づけましたか。

＊9　語彙集83ページ中欄。

＊10　ススメ37ページ。

STEP.2 単語のおさらい

作業スペースには次のようなメモが記されているでしょうか。

	辞書の見出し語	品詞	分析	訳
〈あ〉 דִּבְרֵי	דָּבָר	名詞	男複合	～の諸々の言葉／出来事
〈い〉 קֹהֶלֶת	קֹהֶלֶת	名詞	男単独	説教者／伝道者[*11]
〈う〉 בֶּן	בֵּן	名詞	男単合	～の若者／闘士／息子／子
〈え〉 דָּוִד	דָּוִד	名詞	男単独	ダビデ
〈お〉 מֶלֶךְ	מֶלֶךְ	名詞	男単独／男単合	王／～の王
〈か〉 בִּירוּשָׁלִָם	יְרוּשָׁלַםִ	名詞	前 בְּ ＋男単独	エルサレムの中に／～において
〈き〉 הֲבֵל	הֶבֶל	名詞	疑 הֲ ＋男単合	ベルか ～の息／霧／空しさ
〈く〉 הֲבָלִים	הֶבֶל	名詞	男複独	諸々の息／霧／空しさ
〈け〉 אָמַר	אָמַר	動詞	パ完三男単	彼は言った／思った
〈こ〉 קֹהֶלֶת	〈い〉の欄と同じ			
〈さ〉 הֲבֵל	〈き〉の欄と同じ			
〈し〉 הֲבָלִים	〈く〉の欄と同じ			
〈す〉 הַכֹּל	כֹּל	名詞	冠 הַ ＋男単独	そのすべて
〈せ〉 הָבֶל	הֶבֶל	名詞	男単独	アベル／息／霧／空しさ

何度も繰り返されている単語は、その句のキーワードです。これは聖書研究の基本です。つまり הֶבֶל をどう読むかが鍵です。

＊11　聖書協会共同訳のように「コヘレト」という固有名詞ととる立場もあります。

STEP.3 統語

〈**あ**〉と〈**い**〉は明確に合成形＋独立形。Ｑ２にもありましたね。「伝道者の諸々の言葉」が自然です。קֹהֶלֶת は、伝統的に「会衆」（קָהָל）を「集める」（קָהַל）主宰者と理解されてきました。קֹהֶלֶת は動詞 קָהַל のパアル能動分詞女単独、「集め続ける女性」がその意味です。伝道者というものの本質でしょうか。

〈**う**〉と〈**え**〉もマケフで明瞭に連結されていることが示されているので、בֶּן־דָּוִד は「ダビデの息子」でしょう。この表現は新約聖書にも継承されています。イエス自身は否定しましたが、人々はイエスを「ダビデの子」と称しました（マルコ 10 章 47 節、12 章 35 ～ 37 節）。

〈**あ**〉〈**い**〉コンビと、〈**う**〉〈**え**〉コンビは、意味的に主語・述語の関係にはなりえません。「伝道者の諸々の言葉はダビデの息子」とはなりえないからです。むしろ単体の〈**い**〉と、〈**う**〉〈**え**〉コンビを同格と考えるべきです。「伝道者」＝「ダビデの息子」です。

同じことが〈**う**〉〈**え**〉コンビと〈**お**〉にも当てはまるでしょうか。本文は曖昧です。「ダビデの息子」＝「王」かもしれないし、「ダビデ」＝「王」かもしれません。後者の場合、著者は王ではない可能性があります。その解釈は伝統的なソロモン著者説に対する挑戦となります。

〈**か**〉「エルサレムにおける」は、どこまでの範囲をカバーするのでしょうか。直前の〈**お**〉だけならば「エルサレムにおける王」ですが、〈**え**〉までさかのぼるならば「エルサレムにおける王・ダビデ」、先ほどの同格の議論を踏まえれば「エルサレムにおける王・ダビデの息子・伝道者」までもカバーしえます。このカバーの範囲は、著者がどこに住んでいるのかに関わります。

「エルサレムによる王・ダビデ」という解釈も、かすかにありえます。南王国の王ダビデは、エブスというカナン人の都市国家を私兵で陥(おとしい)れて自ら王となり、「エルサレム」と命名しました。対立する南北両王国と縁もゆかりもない町を首都にすえることで、南北連合の「統一イスラエル王国」の王となりました。このバランス感覚、ダビデは政治軍事の天才です。エルサレムを政治的手段に用いて王に上り詰めたのです（Ⅱサムエル 5 章）。僕(しもべ)となった王イエスは、このような意味の「ダビデの息子」ではなさそうです。

〈**き**〉〈**く**〉コンビと、〈**さ**〉〈**し**〉コンビは、全く同じように翻訳すべきでしょう。「諸々の空(くう)の空(くう)」が最も自然です。最上級表現です。「数ある空のうちでも一番の空」。前述の「諸々の空はベルか」という翻訳は、単数と複数が一致しないという難点があります。ベルやアベルは、ほのめかし程度でしかないと思います。固有名詞アベルには合成形がないので「アベルは諸々の空」という翻訳は無理です。

ヘブル語には台詞(せりふ)を表す「　」がありません。〈け〉〈こ〉「伝道者は言った」は、明確に地の文でしょう。〈け〉〈こ〉以外の部分で、どこからどこまでを伝道者の発言ととるかは、訳者にゆだねられます。〈き〉〈く〉を台詞から外すと、この書の表題のようにもなりえます。多くの翻訳のように台詞に入れると、「説教者は言った」が間に挟まりますから、「諸々の空の空——説教者は言った——諸々の空の空」のように翻訳することもできます。あるいは〈す〉〈せ〉を台詞から外すとか。むむ……。

〈す〉〈せ〉は、男性単数独立形名詞のコンビです。冠詞は独立形名詞にしか付きません。*12 独立形であるため〈せ〉を固有名詞「アベル」と訳すことができます。両単語の意味を考えると、同格ではなく名詞文の主語・述語と考えるのが素直でしょう。２つの翻訳可能性があります。「そのすべては空」か「そのすべてはアベル」です。〈す〉〈せ〉の性と数は一致しています。

「そのすべて」とは、どのすべてなのでしょうか？冠詞は、直前に出てきた事物に限定する用法がもっとも多いので、「今まで登場してきた二回の『諸々の空の空』のすべて」という意味でしょう。複数数え上げられる「空」は、ただ一つの根源的唯一の「空」に帰するということでしょうか。それとも、個人アベルに帰するというのでしょうか。

STEP.4 自分訳

エルサレムにおける王ダビデの息子、伝道者の諸々の言葉。

「諸々の空の空。」伝道者は言った。「諸々の空の空。」そのすべてはアベル。

要害エルサレムを首都としたダビデは、エルサレムから出陣した戦争によって多くの血を流し、そしてエルサレムに軍馬に乗って凱旋(がいせん)してきた王でした。殺害された人々の中にはヒッタイト人ウリヤのように不条理の死へと追いやられた部下すらいます（Ⅱサムエル記11章）。元羊飼いのダビデは内外で自らの権力を濫用した、当時の普通の王。

伝道者の語る「空」という言葉は、虚無主義に基づく「ため息」「つぶやき」なのでしょうか。むしろ、不条理の苦難を背負わされた人々の「なぜ私を棄(す)てたのか」という叫びが虚空にこだましている情景を目に浮かべなくてはならないと

*12　ススメ55ページ。

思います。

羊飼いアベルの兄カインは「獲得する」という意味から派生しています。[*13] 所有欲と支配欲が無数のアベルを生み、そのアベルの血が大地から叫んでいます。ダビデの息子と呼ばれることを拒み、ロバに乗ってエルサレムに入城したイエスは、アベルの系譜に立つ義人、「良い羊飼い」です。

このイエスを「キリスト」（救い主）と伝道し、福音を説教する務めは、女性をはじめ「この世界で小さくされている人々」こそが向いています。同じ叫びを真に叫ぶことができるからです。

STEP.5 なぞり書き

דִּבְרֵי קֹהֶלֶת בֶּן־דָּוִד מֶלֶךְ בִּירוּשָׁלָֽם׃
הֲבֵל הֲבָלִים אָמַר קֹהֶלֶת הֲבֵל הֲבָלִים הַכֹּל הָֽבֶל׃

聖書のことばを黙想しましょう。

＊13　語彙集158ページ右欄、159ページ右欄。

Q.4　難易度 ★★

申命記 6章 4-5節　Deuteronomy 6:4-5

〈あ〉〈い〉〈う〉〈え〉〈お〉〈か〉

שְׁמַע יִשְׂרָאֵ֑ל יְהוָה אֱלֹהֵינוּ יְהוָה ׀ אֶחָֽד׃

〈き〉〈く〉〈け〉〈こ〉〈さ〉〈し〉〈す〉〈せ〉〈そ〉〈た〉

וְאָֽהַבְתָּ אֵת יְהוָה אֱלֹהֶ֑יךָ בְּכָל־לְבָבְךָ וּבְכָל־נַפְשְׁךָ וּבְכָל־מְאֹדֶֽךָ׃

作業スペース

	辞書の見出し語	品詞	分析	訳
〈あ〉 שְׁמַע				
〈い〉 יִשְׂרָאֵל				
〈う〉 יְהוָה				
〈え〉 אֱלֹהֵינוּ				
〈お〉 יְהוָה				
〈か〉 אֶחָד				
〈き〉 וְאָהַבְתָּ				
〈く〉 אֵת				
〈け〉 יְהוָה				
〈こ〉 אֱלֹהֶיךָ				
〈さ〉 בְּכָל				
〈し〉 לְבָבְךָ				
〈す〉 וּבְכָל				
〈せ〉 נַפְשְׁךָ				
〈そ〉 וּבְכָל				
〈た〉 מְאֹדֶךָ				

STEP.0 音読

※「読むのが面倒」という人は、飛ばしてもかまいません

ŠᵉMaᶜ YiŚRāᵓēL ᵓăḎōNāY ᵓĕLōHêNû ᵓăḎōNāY ᵓeḤāḎ
WᵉᵓāhaḆtā ᵓēṮ ᵓăḎōNāY ᵓĕLōHeYḴā BᵉḴoL-LᵉḆāḆᵉḴā
ûḆᵉḴoL-NaP̄ŠᵉḴā ûḆᵉḴoL-MᵉᵓōḎeḴā

前頁の聖句をご覧ください。〈お〉と〈か〉の間に一文字分の垂線「｜」が引かれています。この垂線を「ペセク」と呼びます。母音記号やアクセント記号が発案される前に本文につけられた記号です。さまざまな場合に付けられますが、基本的には「ペセクで分けられている単語と単語については注意深くゆっくり読むように」という趣旨の記号です。この場合、とても大切な聖句だからこの記号が付いているのでしょうか。ペセクは最も強い分離記号です。

STEP.1 暗号解読

〈あ〉の単語 שְׁמַע

アインの文字が大きいのは誤植ではありません。原典でも注意を引くために、この文字と節の終わりのダレト（ד）が大きくなっています。それほどに重要な聖句という意味です。

冒頭に「あの４人（人称接頭辞）」がいないということは未完了形ではなく、完了形パアル／ピエル／プアルに見えます。しかし、母音の付き方が完了形と異なります。この場合、命令形を疑います。命令形の第１語根と第２語根の母音を続けて読むと「エオー」（有音シェワ〔ְ〕＋ホレム〔ֹ〕）です。[*1] でも、この単語の母音は、「エア」。有音シェワ（ְ）＋パタハ（ַ）です。命令だとすれば、なぜエオーではないのでしょうか。ここで「喉音（こうおん）はパタハを好む」という癖を覚えてください。[*2] 第３語根アインが喉音です。[*3]

〈え〉の単語 אֱלֹהֵינוּ

語尾の נוּ は、名詞／前置詞／動詞の人称語尾です（一共複）。特にツェレ・

＊1　ススメ113ページ。「エオーは命令」と覚えましょう。

＊2　ススメ14、155ページ。

＊3　語彙集204ページ。「Ⅲ－喉音動詞の活用一覧」の命令形を確認しましょう。

ヨードを伴う יֵנוּ の形は複数名詞に付くか、複数名詞型前置詞に付くかしかありえません。[*4] יֵנוּ を切り落として辞書を引きましょう。[*5] この段階では「神」も「神々」もありえます。

〈き〉の単語 וְאָהַבְתָּ

レビ記19章18節の〈**く**〉の単語とまったく同じです。

〈こ〉の単語 אֱלֹהֶיךָ

〈**え**〉の単語が大いなるヒントです。そう、人称語尾だけが異なります。

〈さ〉の単語 בְּכָל

「やったー、3文字だ。3語根だ」と喜びすぎてはいけません。そのまま辞書を引いても何も出てきません。落ち着いて暗号解読の手順に戻って、語頭を見てみましょう。「べ・ケ・レ・ミン（מִן לְ כְּ בְּ）」です。1文字切り落とすと、伝道者の書1章2節の〈**す**〉の名詞の合成形が現れます。合成形だから短音化しているのです。

〈し〉の単語 לְבָבְךָ

語尾は〈**え**〉と同じです。〈**さ**〉にならって喜びすぎず、1文字目 ל を前置詞と見破り、切り落とします。辞書に出てきません。もう一度思い直して ל を戻して、最初の3文字で辞書を引きましょう。[*6]

〈す〉の単語 וּבְכָל

冒頭の文字を一文字接続詞と察しをつけて切り落とします。すると〈**さ**〉と同じものが現れました。

〈せ〉の単語 נַפְשְׁךָ

語尾はおなじみの人称語尾ですから切り落とします。残る3文字で辞書を引きます。[*7]

＊4　ススメ62、67〜68ページ。

＊5　語彙集14ページ中欄。

＊6　語彙集88ページ左欄。名詞に人称語尾が付いているので合成形となり、短音化しています。

＊7　語彙集120ページ左欄。「不規則な名詞＋人称語尾」（→本書106〜107ページ）一番左列参照。

〈そ〉の単語 וּבְכָל

〈**す**〉とまったく同じです。

〈た〉の単語 מְאֹדֶךָ

語尾はおなじみの人称語尾ですから切り落とします。残る３文字で辞書を引きます。*8

STEP.2 単語のおさらい

作業スペースには以下のようなメモが記されているでしょうか。

	辞書の見出し語	品詞	分析	訳
〈あ〉 שְׁמַע	שְׁמַע	動詞	パ命二男単	貴男は聞け
〈い〉 יִשְׂרָאֵל	יִשְׂרָאֵל	名詞	男単独	イスラエル（人）
〈う〉 יְהוָה	יְהוָה	名詞	男単独	ヤハウェ／主
〈え〉 אֱלֹהֵינוּ	אֱלֹהַּ／ אֱלֹהִים	名詞	男複合＋ 人尾一共単	私たちの神／神々
〈お〉 יְהוָה	〈う〉の欄と同じ。			
〈か〉 אֶחָד	אֶחָד	数詞	男単独	1／ひとつの／第一の／ひとつだけの
〈き〉 וְאָהַבְתָּ	אָהֵב	動詞	接 וְ ＋動パ完二男単	そして貴男を愛した
〈く〉 אֵת	אֵת	名詞／ 前置詞	男単独／ 不変化	鋤 〜を／〜と共に
〈け〉 יְהוָה	〈う〉の欄と同じ。			
〈こ〉 אֱלֹהֶיךָ	〈え〉の欄と同じ。		男複合＋人尾二男単	貴男の神／神々
〈さ〉 בְּכָל	כֹּל	名詞	前 בְּ ＋名男単合	〜のすべてにおいて 〜のすべてでもって
〈し〉 לְבָבְךָ	לֵבָב	名詞	男単合＋人尾二男単	貴男の心（臓）／考え

*8　語彙集91ページ中欄。

〈す〉 וּבְכָל	〈さ〉の欄と同じ。		接 וְ ＋前 בְּ ＋男単合	そして〜のすべてにおいて／でもって
〈せ〉 נַפְשְׁךָ	נֶפֶשׁ	名詞	男・女単合＋人尾二男単	貴男の喉／命／魂自身／存在
〈そ〉 וּבְכָל	〈す〉の欄と同じ。			
〈た〉 מְאֹדֶךָ	מְאֹד	名詞	男単合＋人尾二男単	貴男の力

STEP.3 統語

〈**あ**〉〈**い**〉は問題なく「貴男は聞け、イスラエル」です。イスラエル人という意味であっても「貴男は」と「聞け」の主語が二男単なので、ある程度擬人化して「イスラエル」が良いでしょう。ヤコブととる熱烈なヤコブファン。好きです。

〈**う**〉〈**え**〉〈**お**〉〈**か**〉の４単語は見かけ以上に多くの翻訳可能性がありえます。それは、どの部分が同格なのか、あるいはどの部分が主語・述語なのかということと、数詞の翻訳の仕方（１／ひとつの／唯一の）と関わります。

①ヤハウェは私たちの神。ヤハウェは一(いち)。

②ヤハウェは私たちの神。ヤハウェは唯一。

③ヤハウェ、私たちの神、一つの神。

④ヤハウェ、私たちの神、唯一の神。

⑤ヤハウェは私たちの神、一つの神。

⑥ヤハウェは私たちの神、唯一の神。

①②は全体の構文上素直です。名詞文の二連続だからです。その一方で③⑤の「一つの神」は基数の１の語順として文法的に素直です。[*9] 教理的には「唯一」をとるべきなのでしょうけれども、「一(いち)」が基本の意味であり「唯一」は「一」からの派生の意味です。むむ……。なお、ペセク（｜）の位置は「一」を強調しています。

〈**き**〉を預言者的完了形ととるならば「そして貴男は愛するのだ」でしょう。ワウ継続法完了ととるならば、直前に命令形があるので「そして貴男は愛せ」と命令で訳さなくてはなりません。この点は、全く同じ単語でありながらもレビ記

＊9　ススメ83ページ。名詞、数詞の語順。

19章18節と異なります。

〈**く**〉〈**け**〉は愛する対象・目的が必要なので「ヤハウェを」がふさわしいでしょう。「ヤハウェと共に」をとると、目的語が欠けてしまいます。〈**こ**〉は直前の〈**け**〉と同格です。〈**け**〉〈**こ**〉を名詞文ととると〈**く**〉が浮いてしまいます。〈**く**〉〈**け**〉〈**こ**〉のセットで「ヤハウェ・貴男の神を」または「貴男の神であるヤハウェを」です。

〈**え**〉「私たちの神」と〈**こ**〉「貴男の神」には何か差異があるのでしょうか。〈**え**〉だけが「私たちの」という一共単の人称語尾を用いています。いったい誰が誰に語りかけているのでしょう。

〈**さ**〉〈**す**〉〈**そ**〉は接続詞以外同じ表現です。前置詞 **בְּ** は「〜でもって」という手段の意味が文脈にかなうでしょう。〈**し**〉〈**せ**〉〈**た**〉は人称語尾によってきれいに脚韻（きゃくいん）が踏まれています。３つの組み合わせ「貴男の〜のすべてでもって」は記憶しやすいものです。すべて３文字の名詞でもあります。接続詞を訳出しながらも同じ調子で３単語（**לבב נפש מאד**）を訳すことが望ましいでしょう。

また、この３単語は類義語として用いられています。**נֶפֶשׁ** には様々な翻訳可能性があります。３単語の真ん中に位置することからも重要です。**נֶפֶשׁ** を「心」「力」と似た意味で訳すには、はて。

聖書の最高の参考書は、聖書です。**לֵבָב** はダビデを王に選ぶ時の言葉（Ｉサムエル16章７節）。人間は姿形を見るが神は「心」を見るという場面に登場します。**נֶפֶשׁ** は、創世記２章７節。神に息を吹き入れられた人間が生きる「存在」となったというところ。**מְאֹד** は全世界を眺める神の感想。「非常に」良かった（創世１章31節。ただし副詞）。これらの聖書語句辞典的な知識も、連想と着想の源です。これらすべてで、神と被造物は向き合っています。

STEP.4 自分訳

貴男は聞け、イスラエル。ヤハウェは私たちの神。ヤハウェは一つ。
そして貴男はヤハウェ・貴男の神を愛せ。貴男の心のすべてで、また貴男の命のすべてで、また貴男の力のすべてで。

アトナハ記号（ ֑ ）も参考にして、細かめに区切ってみました。

申命記全体は、モーセからイスラエルへの語りかけです。その点で、「貴男は聞け、イスラエル」は、二男単には違和感を持ちつつも、全体の文脈にかなう注意喚起の言葉です。

しかし驚くべきことに、モーセはヤハウェをイスラエル民族のみの神としません。自らをイスラエルから一歩引いて、「私たちの神」（一共複！）と広めにヤハウェを定義します。この「私たち」にどれだけの人を入れることができるか、現代の私たちも自らの器の大きさが問われています。モーセは当然ミディアン人妻ツィポラも加えて「私たちの神」と信じていたことでしょう。

ヤハウェは一つの世界を創られた一つの神、すべての私たちの神です。このような広く普遍的な「一（いち）」は創世記１章５節にも登場します（後ほど！）。

この聖句は、ユダヤ教徒にとっても毎週の礼拝で唱える重要な聖句です。キリスト教徒にとっては、イエスが全律法の中の第一の言葉として引用したことでよく知られています（マルコ12章29～30節）。イエスは「あなたは聞け」という命令から引用しているので、聴衆たちも明確にこの引用をワウ継続法完了による命令の意味と理解しました。イエスは「神を愛せ」という命令を律法の第一としました。何をもって愛すればよいのでしょうか。日本語で「全身全霊で礼拝せよ」といったところでしょうか。

もう一つ重要なことがあります。すでに正典として固定されていたこの聖句にイエスが「またあなたのすべての思いで（「知性を尽くし」新改訳）」という言葉を付け加えていることです（マルコ12章30節）。ここにイエス独自の解釈と正典に対する自由な態度があります。３単語の真ん中だった単語 נֶפֶשׁ の説明であると考えると、この「思い（ギリシア語 *διανοια*）」はヘブル語 קֶרֶב かもしれないと想像します。同じセゴリムでもあるからです。「内臓」「内心」の意味の男性名詞です。

「思想及び良心の自由」（日本国憲法19条）を思い起こしつつ、毎週の礼拝参加意欲が内側から湧いてきます。

STEP.5 なぞり書き

שְׁמַע יִשְׂרָאֵל יְהוָה אֱלֹהֵינוּ יְהוָה ׀ אֶחָד׃
וְאָהַבְתָּ אֵת יְהוָה אֱלֹהֶיךָ בְּכָל־לְבָבְךָ
וּבְכָל־נַפְשְׁךָ וּבְכָל־מְאֹדֶךָ׃

聖書のことばを黙想しましょう。

Q.5 難易度 ★★★

出エジプト記 3 章 11-12 節　Exodus 3:11-12

1 וַיֹּאמֶר מֹשֶׁה אֶל־הָאֱלֹהִים מִי אָנֹכִי כִּי אֵלֵךְ אֶל־פַּרְעֹה
2 וְכִי אוֹצִיא אֶת־בְּנֵי יִשְׂרָאֵל מִמִּצְרָיִם׃
3 וַיֹּאמֶר כִּי־אֶהְיֶה עִמָּךְ וְזֶה־לְּךָ הָאוֹת כִּי אָנֹכִי שְׁלַחְתִּיךָ
4 בְּהוֹצִיאֲךָ אֶת־הָעָם מִמִּצְרַיִם תַּעַבְדוּן אֶת־הָאֱלֹהִים עַל
5 הָהָר הַזֶּה׃

作業スペース

	辞書の見出し語	品詞	分析	訳
1-1 וַיֹּאמֶר				
1-2 מֹשֶׁה				
1-3 אֶל				
1-4 הָאֱלֹהִים				
1-5 מִי				
1-6 אָנֹכִי				
1-7 כִּי				
1-8 אֵלֵךְ				
1-9 אֶל				
1-10 פַּרְעֹה				
2-1 וְכִי				
2-2 אוֹצִיא				
2-3 אֶת				
2-4 בְּנֵי				
2-5 יִשְׂרָאֵל				

2-6 מִמִּצְרָיִם				
3-1 וַיֹּאמֶר				
3-2 כִּי				
3-3 אֶהְיֶה				
3-4 עִמָּךְ				
3-5 וְזֶה				
3-6 לְּךָ				
3-7 הָאוֹת				
3-8 כִּי				
3-9 אָנֹכִי				
3-10 שְׁלַחְתִּיךָ				
4-1 בְּהוֹצִיאֲךָ				
4-2 אֶת				
4-3 הָעָם				
4-4 מִמִּצְרַיִם				
4-5 תַּעַבְדוּן				
4-6 אֶת				
4-7 הָאֱלֹהִים				
4-8 עַל				
5-1 הָהָר				
5-2 הַזֶּה				

STEP.0 音読

※「読むのが面倒」という人は、飛ばしてもかまいません

WaYYōMeR MōŠeH ⊃eL-Hā⊃ĕLōHîM Mî ⊃āNōḴî Kî ⊃ēLēḴ
⊃eL-PaR⊂ōH
WeḴî ⊃ôṢî⊃ ⊃eṮ-BeNê YiŚRā⊃ēL MiMMiṢRāYiM
WaYYōMeR Kî- ⊃eHYeH ⊂iMMāḴ WeZeH-LLeḴā Hā⊃ōṮ Kî
⊃āNōḴî ŠeLaḤTîḴā
BeHôṢî⊃ăḴā ⊃eṮ-Hā⊂āM MiMMiṢRaYiM Ta⊂aḆḎûN
⊃eṮ-Hā⊃ĕLōHîM ⊂aL HāHāR HaZZeH

STEP.1 暗号解読

だんだんと長い文も取り組めるようになりましたね。喜ばしいことです。

ここからは「〇行目〇単語目」という特定のために、たとえば「1-3」などと表記します。この例の場合は「1行目の（右から見て）3単語目」という意味です。今までと同様、マケフで連結していても別々の単語として数えます。1-7、3-2、3-8は同じ単語であるとわかった人は、この説明を理解しています。

1行目

1-1 וַיֹּאמֶר

1文字目を接続詞と見破り、切り落とします。4文字残り、かつ「あの4人（人称接頭辞）」のうちの1人、ヨードが冒頭にあります。これは未完了の接頭辞か！　そしてI－א動詞（第1語根がאの動詞）か！！

冒頭の2文字と母音やダゲシュの記号を見ると、「ワウ・パタハ・強ダゲシュ」があることがわかりますね。これは「ワウ継続法未完了」の目印です。[*1] 最初の動詞が完了形で、2番目以降の動詞が未完了形かつ「ワウ・パタハ・強ダゲシュ」の場合、必ず完了形のように訳さなくてはなりません。過去の物語を叙述する際の常套表現です。よく出る形なのでこのまま覚えます。[*2] 次に出てくる時には「わーい、読める」と喜びましょう。

1-4 הָאֱלֹהִים

冒頭のヘーは冠詞です。母音記号がパタハではなく大カメツである理由は、喉音による長音化です。[*3]

---

*1　ススメ141ページ。
*2　ススメ159ページ。
*3　ススメ41ページ。

1-8 אֵלֵךְ

第一の見破りポイントは冒頭のアレフ。「あの４人」のうちの１人です。切り落とすと２文字しか残りません。問題は何を補充するかです。第二の見破りポイントはアレフについている母音記号ツェレです。この母音記号は１－י動詞（第１語根がיである動詞）の特徴です。[*4] ところがילךで辞書を引いてもそのような動詞は存在しません。ここで知恵が必要です。第三の見破りポイントは、הלךというヘーで始まるのに１－י動詞に分類される要チェック動詞を覚えることです。[*5]

2行目

2-1 וְכִי

冒頭のワウを接続詞と見破って切り落とすと、1-7と同じ単語（כִּי）が出てきます。

2-2 אוֹצִיא

第一の見破りポイントは冒頭のアレフ。「あの４人」のうちの１人です。第二の見破りポイントはוֹです。וֹは１－י動詞の目印であり、וֹをיと交代させることで第１語根が取り戻されます。[*6] 第三の見破りポイントはאとצの間にあるツェレ・ヨードです。この母音記号（準母音付）は、第２語根と第３語根の間にある時にヒフィル語幹の目印となります。[*7] ようやく３語根יצאにたどりつきました。[*8]

2-3と2-4 אֶת־בְּנֵי

レビ記19章18節にこの組み合わせで登場しています。忘れた人は振り返ってください。

2-6 מִמִּצְרָיִם

冒頭のמִ、その直後の強ダゲシュ。「ベ・ケ・レ・ミン」最後の人物の登場です。待ってました。[*9]

＊4　ススメ164ページ。

＊5　ススメ166ページ。

＊6　ススメ164～165ページ。なおוֹがあることによって、その動詞がニファル語幹かヒフィル語幹であるということまで特定できます。この情報は、第三の見破りポイントと関連します。

＊7　ススメ101、106ページ。

＊8　語彙集76ページ右欄。同207ページ。

＊9　ススメ44ページ。

3行目

3-1 וַיֹּאמֶר

わーい、読める！

3-3 אֶהְיֶה

またもや冒頭にアレフ。「あの４人」のうちの１人です。切り落とせばそのまま辞書を引けますよ。[*10]

3-4 עִמָּךְ

語尾が人称語尾に見えますか。切り落とせば辞書に出てきます。２文字の大きい前置詞です。[*11] なお、この母音の付き方は、基本的には二女単の人称語尾ですが、[*12] 単語に付くアクセント記号が、強い分離アクセント[*13]の場合には二男単もありえます。この場合は後者です。

２文字目の強ダゲシュと１文字目のヒレクを見てピエル完了だと思った人、ナイストライです。めげずに、トライ・アンド・エラーを繰り返しましょう。

3-5 וְזֶה

冒頭接続詞を切り落として辞書を引きます。[*14]

3-6 לְּךָ

強ダゲシュが付いていますが、一文字前置詞と人称語尾のコンビと思ってください。原典の大海原には、時々めずらしい生き物がうごめいています。語気を強める強ダゲシュです。

3-7 הָאוֹת

冠詞の呪文は「へー・パタハ・強ダゲシュ」。喉音に打たれえない強ダゲシュがパタハを長音化し、大カメツにさせています。冒頭の冠詞を切り落として辞書を引きましょう。[*15]

3-10 שְׁלַחְתִּיךָ

語尾を人称語尾と見破り、切り落とします。冒頭に「あの４人」がいないので完了形の匂いがします。תִּי という語尾は完了一共単。Ⅲ－喉音動詞[*16]（第３語

---

*10　語彙集47ページ左欄。ススメ175〜176ページ。

*11　語彙集135ページ右欄。

*12　ススメ67ページ。

*13　ススメ149ページ。

*14　語彙集50ページ左欄。ススメ77〜79ページ。

*15　語彙集10ページ中欄。

*16　語彙集203ページ。ただし今回の形は、目的語となる人称語尾・二男単が最後に付け加わっているので、第１語根の大カメツが有音シェワに短音化しています。ススメ128ページの「完了形の場合」や語彙集215ページも参照してください。

根が ע ח א のうちどれかである動詞）です。

4行目

4-1 בְּהוֹצִיאֲךָ

冒頭の一文字前置詞 בְּ と、語尾の人称語尾 ךָ を切り落とします。デジャブ感。2-2 の動詞ですね。見破りポイントは、一文字前置詞と動詞のコンビです。この際に一文字前置詞と結合する動詞の活用は、不定詞合成形だけと覚えましょう。この場合は「時の副詞」という用法。「〜の時に」と訳します。[*17] さらにここでは、不定詞合成形に人称語尾が付いている特別の用法です。人称語尾が動詞の目的語にも、また主語にもなるかもしれません。[*18]

4-2 אֶת 2-3 参照。

4-3 הָעָם

1-4 を参考にし、冠詞を切り落として辞書を引きましょう。[*19] え？　母音が異なりますか？　なぜ大カメツなのか?!　これは「色づけ」という現象です。冠詞の長音化に影響されたのです。[*20]

4-4 מִמִּצְרַיִם 2-6 と同じ。

4-5 תַּעַבְדוּן

冒頭に「あの４人」のうちの１人がいます。切り落としましょう。

「ティ・ティ・テ・テ・ティト・タ・ト」の呪文、[*21]「ティ＝パアルかニファル」「テ＝ピエルかプアル」「ティト＝ヒトパエル」「タ＝ヒフィル」「ト＝ホファル」が、未完了形動詞の語幹見破り法則です。七語幹順につなげて呪文化し、「ティ・ティ・テ・テ・ティト・タ・ト」と唱えると、ヒフィル語幹に飛びつきたくなります。ここでブレーキ。第１語根を見てください。喉音です。喉音はパタハを好むのです。Ｉ－喉音の動詞活用表をヒフィルだけでなくパアルから見ましょう。[*22] 最も近い形はパアル未完了二男複ですが語尾の ן が余計です。この ן は何らかの指示や強調のための表現です。3-6 に続き、力入ってます。

4-6、4-7 אֶת־הָאֱלֹהִים

何も言わずともわかりますね。

＊17　ススメ123〜124ページ。

＊18　ススメ130〜131ページ。

＊19　語彙集135ページ右欄。

＊20　ススメ42ページ。

＊21　ススメ98ページ。

＊22　語彙集200ページ。

4-9 הָהָר

4-3 を参考に解読してください。

4-10 הַזֶּה

「ヘー・パタハ・強ダゲシュ」は冠詞。残ったものは 3-5 と同じ単語ですね。

STEP.2 全体一気見

וַיֹּאמֶר	מֹשֶׁה	אֶל־הָאֱלֹהִים	מִי	אָנֹכִי	כִּי	אֵלֵךְ	אֶל־פַּרְעֹה
そして彼は言った	モーセ	その神／神々に向かって	誰か	私は	なぜなら 実に／もし	私は行く	ファラオに向かって

וְכִי	אוֹצִיא	אֶת־בְּנֵי	יִשְׂרָאֵל	מִמִּצְרָיִם
そしてなぜなら そして実に／もし	わたしは導き出す	～の息子たちを／と共に	イスラエル	エジプトから

וַיֹּאמֶר	כִּי ־	אֶהְיֶה	עִמָּךְ	וְזֶה ־	לְּךָ	הָאוֹת	כִּי	אָנֹכִי	שְׁלַחְתִּיךָ
そして彼は言った	1-7	わたしは 成る／ある	貴男と共に	そして	貴男のため	その しるし	1-7	1-6	わたしは貴男を送った

בְּהוֹצִיאֲךָ	אֶת־	הָעָם	מִמִּצְרַיִם	תַּעַבְדוּן	אֶת־	הָאֱלֹהִים	עַל	הָהָר	הַזֶּה׃
貴男が／を 導き出す時	2-3	その民	2-6	貴男たちは 仕える／礼拝する 耕す／働く／奉仕する	2-3	1-4	～の上に	その山	その／この

STEP.3 統語

1-1 から 1-4 までが地の文、1-5 から 2-6 までが登場人物である「モーセの発言」、3-1 が地の文、3-2 から 5-2 までが「神の発言」です。神とモーセの一対一の対話なので「その神々」という複数は困難です（1-4 と 4-7）。3-1 の主語も単数です。ワウ継続法未完了は前の文脈から過去の視座を継続しているので必ず「そして彼は言った」と訳さなくてはいけません（1-1 と 3-1）。

2-3 と 4-2 の前置詞は、どちらも直前の動詞「導き出す」の目的語がほしいところ。「～と共に」よりも「～を」が自然な翻訳でしょう。4-6 も同じ事情で「～を」でしょう。なお、4-2 が「～を」であれば、4-1 は目的語の重複を避けて「貴男を」ではなく「貴男が導き出す時」となります。

5-1 と 5-2 は指示代名詞の修飾用法。二語で「この山」と訳さなくてはいけません。＊23

1-5 と 1-6 はモーセのアイデンティティを問う根源的質問。「あなたはどこにいるのか」（創世記 3 章 9 節）や「あなたの兄弟アベルは、どこにいるのか」（創世

＊23　ススメ78ページ。

4章9節）にも通じます。ヘブル人として3歳ごろまで育てられ、エジプト人として40歳まで生活し、ミディアン人として80歳まで生きてきたモーセ。「私は誰なのか」。あるいは指導者として相応しくないという謙遜表現ととらえ、「私は何者でしょうか」とも考えられます。いずれにせよ、神の発言には、モーセの質問に対する回答が期待されています。

神はモーセに対応して2回 כִּי という単語を使い、さらに一度目の כִּי をパアル未完了一共単の動詞とコンビにします（1-8と3-3）。神対応です。כִּי をどのように訳すかがキーです。奇異に思わずに。

כִּי の翻訳は、話者が弱気の場合は「もしも〜ならば」「仮に〜だとしても」でしょうし、強気の場合は「なぜなら〜だからだ」「実に」となってくるでしょう。弱気のモーセと解しても、なんとなくモーセのやる気は見えますね。神は強気一辺倒に読めます。強ダゲシュやヌンの用法に神の強気が垣間見えます。ん〜、原文ならではのニュアンスですね。3-9の単語も強調表現です。神の畳みかける回答は「私が貴男と共に成る！」から始まります。

2-2と4-1の動詞のヒフィル語幹は、出エジプトという救いの専門用語です。

4-5で唐突に「貴男ら」が登場します。神はモーセの背後にすでにイスラエルを見ています。

STEP.4 自分訳

そしてモーセはその神に向かって言った。「私は誰か。もし私がファラオに向かって行くのならば。

またもしエジプトからイスラエルの息子たちを私が導き出すのならば。」

そして彼（神）は言った。「実に貴男と共に『わたしは成る』。そしてこれが貴男だけのためのその徴（しるし）。なぜならわたし、わたしこそが貴男を送ったのだから。

貴男がエジプトからその民を導き出す時に、貴男らはこの山の上でその神を礼拝する。」

モーセは揺らいでいます。出エジプトの指導者になってもいいとも思いつつ、その場合に自分が何者なのかを定めたいと願っています。「私は誰か」と問うモーセに、神は問い立てそのものを修正しているように思えます。神が神の民を救うという場面において、モーセが誰であるのかというよりも、神が誰であるのかがより重要です。その救い主に倣（なら）って歩んでいくことこそが、救いの業（わざ）に参与し福音に与（あずか）る者にとって大切です。

「わたしは成る」という神の性質がここに示されます。あなたが誰なのかに悩むことはありません。むしろ「わたしは成る」という自由な神があなたと共におられ、その神と共にあなた自身に成る過程こそが大切な歩みなのです。

STEP.5 なぞり書き

וַיֹּאמֶר מֹשֶׁה אֶל־הָאֱלֹהִים מִי אָנֹכִי כִּי אֵלֵךְ
אֶל־פַּרְעֹה
וְכִי אוֹצִיא אֶת־בְּנֵי יִשְׂרָאֵל מִמִּצְרָיִם׃
וַיֹּאמֶר כִּי־אֶהְיֶה עִמָּךְ וְזֶה־לְּךָ הָאוֹת כִּי אָנֹכִי
שְׁלַחְתִּיךָ
בְּהוֹצִיאֲךָ אֶת־הָעָם מִמִּצְרַיִם תַּעַבְדוּן
אֶת־הָאֱלֹהִים עַל הָהָר הַזֶּה׃

聖書のことばを黙想しましょう。

Q.6 難易度 ★★★

出エジプト記 3章 13-14節 Exodus 3:13-14

1 וַיֹּאמֶר מֹשֶׁה אֶל־הָאֱלֹהִים הִנֵּה אָנֹכִי בָא אֶל־בְּנֵי יִשְׂרָאֵל

2 וְאָמַרְתִּי לָהֶם אֱלֹהֵי אֲבוֹתֵיכֶם שְׁלָחַנִי אֲלֵיכֶם

3 וְאָֽמְרוּ־לִי מַה־שְּׁמוֹ מָה אֹמַר אֲלֵהֶֽם׃

4 וַיֹּאמֶר אֱלֹהִים אֶל־מֹשֶׁה אֶֽהְיֶה אֲשֶׁר אֶֽהְיֶה

5 וַיֹּאמֶר כֹּה תֹאמַר לִבְנֵי יִשְׂרָאֵל אֶֽהְיֶה שְׁלָחַנִי אֲלֵיכֶֽם׃

作業スペース

	辞書の見出し語	品詞	分析	訳
1-1 וַיֹּאמֶר				
1-2 מֹשֶׁה				
1-3 אֶל				
1-4 הָאֱלֹהִים				
1-5 הִנֵּה				
1-6 אָנֹכִי				
1-7 בָא				
1-8 אֶל				
1-9 בְּנֵי				
1-10 יִשְׂרָאֵל				
2-1 וְאָמַרְתִּי				
2-2 לָהֶם				
2-3 אֱלֹהֵי				

	辞書の見出し語	品詞	分析	訳
2-4 אֲבוֹתֵיכֶם				
2-5 שְׁלָחַנִי				
2-6 אֲלֵיכֶם				
3-1 וְאָמְרוּ				
3-2 לִי				
3-3 מַה				
3-4 שְּׁמוֹ				
3-5 מָה				
3-6 אֹמַר				
3-7 אֲלֵהֶם				
4-1 וַיֹּאמֶר				
4-2 אֱלֹהִים				
4-3 אֶל				
4-4 מֹשֶׁה				
4-5 אֶהְיֶה				
4-6 אֲשֶׁר				
4-7 אֶהְיֶה				
5-1 וַיֹּאמֶר				
5-2 כֹּה				
5-3 תֹאמַר				
5-4 לִבְנֵי				
5-5 יִשְׂרָאֵל				
5-6 אֶהְיֶה				
5-7 שְׁלָחַנִי				
5-8 אֲלֵיכֶם				

STEP.0 音読

※「読むのが面倒」という人は、飛ばしてもかまいません

WaYYōMeR MōŠeH ⊃eL-Hā⊃ĕLōHîM HiNNēH ⊃āNōḴî Bā⊃
⊃eL-BeNê YiŚRā⊃ēL
We⊃āMaRTî LāHeM ⊃ĕLōHê ⊃ăḆôṮêḴeM ŠeLāḤaNî ⊃ăLêḴeM
We⊃āMeRû-Lî MaH-ŠeMô Mâ ⊃ōMaR ⊃ăLēHeM
WaYYōMeR ⊃ĕLōHîM ⊃eL- MōŠeH ⊃eHYeH ⊃ăŠeR ⊃eHYeH
WaYYōMeR KōH Ṯō⊃MaR LiḆNê YiŚRā⊃ēL ⊃eHYeH ŠeLāḤaNî
⊃ăLêḴeM

STEP.1 暗号解読

1行目

1-1 から **1-4** までは 3 章 11 節の繰り返しです。**1-7** בָּא は 2 文字しかありません。これは要チェック動詞なのでこの形ごと覚えてしまいましょう。2 語根動詞 בּוֹא のパアル完了三男単もしくはパアル能動分詞男単独です。[*1] **1-9** と **1-10** のコンビ בְּנֵי יִשְׂרָאֵל も、もうおなじみですね。**5-4** と **5-5** のコンビ לִבְנֵי יִשְׂרָאֵל も類似表現です。すらすら読んでますよ。自信をもって。

2行目

2-1 וְאָמַרְתִּי

語尾の תִּי を見て完了形動詞の一共単を疑います。ダブルチェックをしましょう。完了形であれば人称接頭辞の有無を次の呪文で判別することができます。「無し・ニ・無し・無し・ヒト・ヒ・ホ」。これは 7 つの語幹順に、人称接頭辞の部分だけを取り出した呪文です。[*2]

2-2 לָהֶם

この 3 文字は動詞でしょうか。勇み足にご注意。辞書にはヒトパエル語幹しか持たない動詞が紹介されていますが、そう、これは一文字前置詞に人称語尾が付いた形です。[*3]

2-3 אֱלֹהֵי 申命記 6 章 4 節を参考にしてください。

＊1　ススメ169〜172ページ。語彙集25ページ中欄。

＊2　ススメ95ページ。

＊3　ススメ64ページ。

2-4 אֲבוֹתֵיכֶם

この単語は大物です。語尾の２文字は人称語尾として切り落とせます。残るものから不規則な名詞 אָב を思い出すしかありません。頻出名詞なので覚えましょう。[*4]

2-5 שְׁלָחַנִי

動詞の匂いがプンプンします。しかし語尾の２文字 נִי は何でしょうか。これは動詞の目的語になる人称語尾です。[*5] 主語となる人称語尾とこんがらないように気をつけましょう。この一単語だけで「彼は私を送った」という意味です。

2-6 אֲלֵיכֶם

大きい前置詞に人称語尾が付いている形です。前置詞 אֶל は複数名詞型なのでツェレ・ヨードが見破りポイントです。[*6]

3行目

3-1 וְאָמְרוּ **2-1** と似ています。

3-2 לִי **2-2** と似ています。

3-4 שְּׁמוֹ

人称語尾を見破り、切り落とし、辞書を引きましょう。母音記号が長くてもうろたえずに、当該の男性名詞を特定しましょう。[*7]

3-6 אֹמַר

要チェック動詞です。迷わず活用一覧を見て、母音の付き方で割り出しましょう。[*8]

3-7 אֲלֵהֶם **2-6** と似ています。ただしツェレ・ヨードではないめずらしい形です。原典には準母音がつかない形もあるのです。

4行目

4-5 と **4-7** と **5-6** は同単語 אֶהְיֶה。3章12節にも登場していましたね。

5行目

5-3 תֹּאמַר は **3-6** と同じです。しかし、主語が異なります。「あの４人（人称接頭辞）」のうちの１人が登場しているのです。主語は三女単も二男単もありえます。

5-7 と **5-8** のコンビ שְׁלָחַנִי אֲלֵיכֶם は、**2-5** と **2-6** のコンビと同じです。

＊4　ススメ54ページ。語彙集6ページ左欄。

＊5　ススメ127～128ページ。語彙集215ページ。Q５の3-10の単語ですね。

＊6　ススメ67～68ページ。

＊7　語彙集184ページ右欄。

＊8　ススメ158～159ページ。

STEP.2 全体一気見

וַיֹּאמֶר מֹשֶׁה אֶל־הָאֱלֹהִים הִנֵּה אָנֹכִי בָא אֶל־בְּנֵי יִשְׂרָאֵל

そして 彼は言った／モーセ／その神に向かって／見よ／私は／来つつある 彼は来た／イスラエルの子らに向かって

וְאָמַרְתִּי לָהֶם אֱלֹהֵי אֲבוֹתֵיכֶם שְׁלָחַנִי אֲלֵיכֶם

そして私は言った／言う／彼らに／〜の神／貴男らの父祖たち／彼は私を送った／貴男らに向かって

וְאָמְרוּ־לִי מַה־שְּׁמוֹ מָה אֹמַר אֲלֵהֶם׃

そして彼らは言った／言う／私に／何／彼の名前／何／私は言う／彼らに向かって

וַיֹּאמֶר אֱלֹהִים אֶל־מֹשֶׁה אֶהְיֶה אֲשֶׁר אֶהְיֶה

そして彼は言った／神／神々／モーセに向かって／わたしは成る わたしはある／〜ところの／わたしは成る わたしはある

וַיֹּאמֶר כֹּה תֹאמַר לִבְנֵי יִשְׂרָאֵל אֶהְיֶה שְׁלָחַנִי אֲלֵיכֶם׃

そして 彼は言った／そのように／貴男は言う 彼女は言う／イスラエルの息子たちに／わたしは成る わたしはある／彼は 私を送った／貴男らに向かって

STEP.3 統語

1-7 בָא は、人称代名詞「私は」（一共単）があるので完了形（三男単）ではなく能動分詞です。叙述用法*9 の「し続けている」の一種で、近い将来を意味します。「来つつある」。やはりモーセは神の召しを引き受けるつもりのようです。ちなみに英語の come や博多弁は「行く」ことも「来る」と言います。それと同様に、ヘブル語も「行く」の意味で「来る」を使います。自分から見て「行く」という行為は、相手方から見て「来る」という行為です。

２文字の「大きい前置詞」אֶל と一文字前置詞 לְ は、意味に重なりがあります。どちらも「〜に」と訳してしまうと、原文では両者を書き分けているところが埋もれます。前者を「〜に向かって」、後者を「〜のために」などと訳し分けることも可能です。

2-1 と **3-1** は「ワウ継続法完了」であれば、**1-7** の בָא を継続します。分詞のように訳さなくてはいけません。預言の完了であれば、将来を言い切る感じで訳します。どちらをとるかは翻訳者の自由です。

1-1 と **4-1** と **5-1** は「ワウ継続法未完了」です。「ワウ・パタハ・強ダゲシュ」。

＊9　ススメ119ページ。

3-6 と **5-3** の未完了形のニュアンスはそろえたほうが良いでしょう。「言うべきか」という問いには「言うべきだ」、「言いうるか」ならば「言いうる」という具合に。

אֶהְיֶה אֲשֶׁר אֶהְיֶה の翻訳と解釈が大問題です。関係代名詞の直前に先行詞や前置詞がないため、本文そのものが曖昧です。[*10] 曖昧な時こそ、原典読みは燃え（萌え？）るものです。どのように解釈しても、大当たりにも大間違えにもならないのだから、「大胆に罪を犯し」ましょう（ルターさん、ごめんなさい）。

① 動詞 אֶהְיֶה を「私はある」と存在の意味にするのか、それとも「私は成る／生じる」と動作の意味にするのかで、神理解が分かれます。天に不動の存在者か、それとも地に降ることができる救い主か。Q5 で取り上げた 3 章 12 節の翻訳とも若干関わります。

② 繰り返される動詞 אֶהְיֶה を、前者を「私は〜である」とし、後者を「私はある／成る」と訳し分けることもできます。ただし、先行詞（たとえば「神」というような名詞）がないのが弱点です。訳し分けによって失うものもあります。原文では同じ単語であるということが翻訳次第で埋もれてしまっていいのでしょうか。[*11]

③ אֶהְיֶה は未完了ですから、「ある／成る」にさまざまなニュアンスを含めることもできます。「なろうとする／あろうとする」「成ることができる」「あるべきだ」などです。

④ אֶהְיֶה を固有名詞ととって、後者を「エフイェ」と訳すこともできます。利点として **5-6** との繋がりがよいです。モーセは神の名前を問うていますから、問いに対する回答としては明快です。しかし欠点として אֶהְיֶה は、他にホセア書 1 章 9 節の原文にしか神の名前として登場していません。

⑤ いずれにせよ関係代名詞 אֲשֶׁר は訳しにくいものです。先行詞を補って「〜ところの者」とするか、אֲשֶׁר 以下を「副詞句」とみなすという解決が必要です。ヘブル語の副詞は不変化で幅広く訳せます。名詞も他に文法的縛りがなければ、「てにをは」を自由に付けて副詞のようにも訳せます。

以上のような論点を踏まえて、自分訳を試みてみましょう。

＊10 旧約聖書中に同じ用例はありません。類似構文の例は、出エジプト記33章19節、エゼキエル書12章25節にありますが、前置詞が関係代名詞の前にあるのでやや異なります。

＊11 旧約聖書の最古の翻訳であるギリシア語訳聖書は、「わたし、わたしこそが存在者である」と訳しました。

STEP.4 自分訳

そしてモーセはその神に向かって言った。「見よ。私はイスラエルの息子たちに向かって来つつある。そして私は彼らのために言いつつある。『貴男らの神が貴男らに向かって私を送った。』そして彼らは私のために言いつつある。
『彼の名前は何か。』そして私は彼らに向かって何と言うべきか。」そして神はモーセに向かって言った。「わたしが成りたいように、わたしは成る。」そして彼は言った。「そのように貴男はイスラエルの息子たちのために言うべきだ。『「わたしは成る」が貴男らに向かって私を送った。』」

「私は誰か」という問いに続いて、「神は誰か」「神の名前は何か」という問いをめぐる対話です。ヤコブも相撲を取りながら神の名前を尋ねたのですが、その時、神は教えません（創世 32 章 29 節）。古代西アジアにおいて、相手の名前を知ることは相手を支配することと考えられていたからです。神は本名 יהוה を知らせる前に（3 章 15 節）、自分が自由であるということを知らせます。

私訳は אֶהְיֶה を固有名詞「エフイェ」と取らず、神はモーセの質問に直接には答えていないという立場です。「わたしは成る」は名前ではなく神の性質を示す表現でしょう。聖書の神はご自身が自由であり、民に自由を与える神です。

神はご自身の自由意志によって、奉仕として自己の名前 יהוה を開示し啓示するのです。ヨハネの福音書のイエスは אֶהְיֶה を継承しています。[*12]

STEP.5 なぞり書き

וַיֹּאמֶר מֹשֶׁה אֶל־הָאֱלֹהִים הִנֵּה אָנֹכִי בָא אֶל־בְּנֵי יִשְׂרָאֵל
וְאָמַרְתִּי לָהֶם אֱלֹהֵי אֲבוֹתֵיכֶם שְׁלָחַנִי אֲלֵיכֶם
וְאָמְרוּ־לִי מַה־שְּׁמוֹ מָה אֹמַר אֲלֵהֶם׃
וַיֹּאמֶר אֱלֹהִים אֶל־מֹשֶׁה אֶהְיֶה אֲשֶׁר אֶהְיֶה
וַיֹּאמֶר כֹּה תֹאמַר לִבְנֵי יִשְׂרָאֵל אֶהְיֶה שְׁלָחַנִי אֲלֵיכֶם׃

聖書のことばを黙想しましょう。

---

*12　ヨハネの福音書18章5、6、8節のギリシア語「エゴー・エイミ」。

Q.7 難易度 ★★★

箴言 8章 22-25節 Proverbs 8:22-25

1 יְהוָ֗ה קָ֭נָנִי רֵאשִׁ֣ית דַּרְכּ֑וֹ קֶ֖דֶם מִפְעָלָ֣יו מֵאָֽז׃
2 מֵ֭עוֹלָם נִסַּ֥כְתִּי מֵרֹ֗אשׁ מִקַּדְמֵי־אָֽרֶץ׃
3 בְּאֵין־תְּהֹמ֥וֹת חוֹלָ֑לְתִּי בְּאֵ֥ין מַ֝עְיָנ֗וֹת נִכְבַּדֵּי־מָֽיִם׃
4 בְּטֶ֣רֶם הָרִ֣ים הָטְבָּ֑עוּ לִפְנֵ֖י גְבָע֣וֹת חוֹלָֽלְתִּי׃

※２行目（8章23節）にはアトナハがありません。こういう変わり種の節もあります。

作業スペース

	辞書の見出し語	品詞	分析	訳
1-1 יְהוָה				
1-2 קָנָנִי				
1-3 רֵאשִׁית				
1-4 דַּרְכּוֹ				
1-5 קֶדֶם				
1-6 מִפְעָלָיו				
1-7 מֵאָז				
2-1 מֵעוֹלָם				
2-2 נִסַּכְתִּי				
2-3 מֵרֹאשׁ				

2-4 מִקַדְמֵי				
2-5 אָרֶץ				
3-1 בְּאֵין				
3-2 תְּהֹמוֹת				
3-3 חוֹלָלְתִּי				
3-4 בְּאֵין				
3-5 מַעְיָנוֹת				
3-6 נִכְבַּדֵּי				
3-7 מָיִם				
4-1 בְּטֶרֶם				
4-2 הָרִים				
4-3 הָטְבָּעוּ				
4-4 לִפְנֵי				
4-5 גְּבָעוֹת				
4-6 חוֹלָלְתִּי				

STEP.0 音読

※「読むのが面倒」という人は、飛ばしてもかまいません

ᵓᵃ̆DōNāY QāNāNî Rēᵓ ŠîṮ DaRKô QeḎeM MiP̄ᶜāLāYW Mēᵓ āZ
Mēᶜ ôLāM NiSSaḴTî MēRōᵓ Š MiQQaḎMê-ᵓ āReṢ
Bᵉᵓ êN-TᵉHōMôṮ ḤôLāLᵉTî Bᵉᵓ êN Maᶜ YāNôṮ NiḴBaDDê-
MāYiM
BᵉṬeReM HāRîM HoṬBāᶜ û LiP̄Nê Ḡᵉ Ḇāᶜ ôṮ ḤôLāLᵉTî

STEP.1 暗号解読

1行目

1-2 קָנָנִי の語尾の２文字 נִי は、動詞の目的語である人称語尾でしょう。出エジプト記３章13-14節「彼が私を送った」を思い出しましょう。この２文字を切り落とすと、２語根しか残りません。何を補充して３語根を復元すべきでしょうか。見破りポイントは、二連続の大カメツ。これはⅢ－ה 動詞（第３語根が ה である動詞）の特徴です。[*1]「ヘーは曲者」、置き手紙なしでいなくなりますが、母音記号は手掛かりになります。

1-4 דַּרְכּוֹ の語尾の１文字は人称語尾です。[*2] 残る３文字 דַּרְכ の母音の付き方に注目です。セゴリムの名詞に人称語尾が付くと、１文字目パタハ＋２文字目シェワとなります（申命６章５節参照）。דֶּרֶךְ を復元して辞書を引きます。[*3]

1-6 מִפְּעָלָיו の語尾の２文字は人称語尾です。複数名詞に付いている三男単はこのように黙字の י を使います。切り落として辞書を引きます。[*4]

2行目

2-1 מֵעוֹלָם מֵ ＋喉音はおいしいです。前置詞 מִן を見破りましょう。長音化です。[*5] עוֹלָם がそのままの形で辞書に出てきます。[*6]

2-2 נִסַּכְתִּי 語尾の תִּי を見て、動詞の完了形一共単を疑います。残りは語幹。完了の語幹見破り呪文は「無し・ニ・無し・無し・ヒト・ヒ・ホ」。語頭に

＊1　ススメ173～179ページ。語彙集159ページ右欄、辞書の見出しの母音、二連続カメツに注目。

＊2　ススメ62ページ。

＊3　語彙集45ページ左欄。

＊4　ススメ62ページ。語彙集105ページ右欄。

＊5　ススメ45ページ。

＊6　語彙集131ページ左欄。

何もありませんから、パアルか、ピエルか、プアルです。ここで第２語根の強ダゲシュを見破り、ピエルかプアルに絞ります。第Ｉ語根の母音がヒレクですからピエルです。プアルならキブツであるべきです。[*7]

2-3 מֵרֹאשׁ も **2-1** と同じ見破りポイントです。

2-4 מִקַּדְמֵי には強ダゲシュがあって、前置詞 מִן の存在がバレバレですね。נ がいなくなる時、置き手紙の強ダゲシュが残ります。[*8] さらに語尾のツェレ・ヨードを男複合の目印と見破ると **1-5** の単語が再登場。[*9]

3行目

3-1 בְּאֵין の冒頭は一文字前置詞。切り落とせば辞書の見出し語です。[*10]

3-2 תְּהֹמוֹת は語尾の２文字を女複独または女複合と見破ります。[*11] ところが תְּהֹם では載っていません。落ち着きましょう。こういう場合は準母音を補って תְּהוֹם で辞書を引きます。[*12] 原典には準母音がつかない形もあります。

3-3 חוֹלָלְתִּי　またもや語尾の תִּי が光っています。もう一つ目立つのが２文字目の וֹ です。ここでⅠ－י 動詞ヒフィルやニファル語幹の特徴を思い出した人は素晴らしい（出エジプト３章11節）。じつは、וֹ が飛び出てくるのは二語根動詞（２つの語根によってのみ形成されている動詞）にもある現象です。二語根動詞特有の変形ピエル／プアル／ヒトパエル語幹であるポレル／ポラル／ヒトポレル語幹においては、וֹ が飛び出てしかも第２語根が繰り返されるという形になります。[*13] חוּל ポラル完了一共単です。一般に「生む」は ילד を用いますが、ここでは「のたうち回る」をも意味する חוּל であることに留意すべきです。

もう一つありえるのは、Ⅱ－Ⅲ動詞（第２語根と第３語根が同じ文字である動詞）חלל のポアル完了一共単です。こちらにも特有の変形ピエル／プアル／ヒトパエル語幹であるポエル／ポアル／ヒトポエル語幹があります。[*14] どちらが妥当かは、翻訳者の判断ですね。あるいは、第一言語話者は常にこのような複数の可能性を抱えながら言語を使っているということに思いをいたすべきです。翻訳において一つしか訳語を選べないのが残念です。ちなみに、חלל はポアル分詞男単独の形で、イザヤ書53章５節に使われています。「彼は刺し貫かれ続けて

＊7　ススメ99〜100ページ。語彙集119ページ左欄。
＊8　ススメ44ページ。
＊9　ススメ51ページ。
＊10　語彙集13ページ中欄。ススメ69〜70ページ。
＊11　ススメ52ページ。
＊12　語彙集191ページ右欄。
＊13　ススメ169ページ。語彙集55ページ中欄〜右欄、209ページ。
＊14　ススメ180ページ。語彙集58ページ中欄、213ページ。

いる（新改訳「彼は……刺され）」、ご存じ「苦難の僕(しもべ)」の一節です。

3-4 בְּאֵין は **3-1** と同じです。

3-5 מַעְיָנוֹת も **3-2** と同じ要領で見破れますね。

3-6 נִכְבַּדֵּי は難問です。まず語尾のツェレ・ヨードを男複合の目印として切り落とします。この時点では男性名詞と想定し、残る4文字で辞書を引きます。しかし、ない。次に語頭の נ を咎めます。「きみもあの4人の仲間ではないのか」と。ちょっと待ってください。その疑いの方向性は「動詞の未完了」へと向かっています。ところが、動詞の未完了にはツェレ・ヨードの語尾はありません。おそらく、この単語は動詞なのですが、名詞または形容詞のような語尾を持っている派生形なのです。それは分詞です。そして語頭の נ はニファル語幹の特徴です。*15 כבד で辞書を引きます。*16

4行目

4-1 בְּטֶרֶם は冒頭の一文字前置詞を切り落とします。

4-2 הָרִים は語尾のヒレク・ヨード＋メムを男複独の目印と見破り、切り落とします。

4-3 הָטְבָּעוּ の語尾のシュルク וּ は動詞完了三共複か、未完了三男複／三女複の目印です。未完了であれば冒頭に「あの4人（人称接頭辞）」の誰かがいるはずですが、別人の הָ がいます。小カメツですから「ホ」ですね。*17 ここで完了形であるとにらんで呪文を唱えます。「無し・ニ・無し・無し・ヒト・ヒ・ホ」。「ホ」はホファル語幹です。*18

4-5 גְּבָעוֹת も **3-2** や **3-5** と同様に語尾の2文字を切り落とし、大カメツ・ヘーを補って辞書を引きます。*19

4-6 חוֹלָלְתִּי は **3-3** と同じ単語です。

STEP.2 全体一気見

מְאֹד׃	מִפְעָלָיו	קֶדֶם	דַּרְכּוֹ	רֵאשִׁית	קָנָנִי	יְהוָה
その時から 昔から	彼の諸作業	前／東／以前 昔／太古	その時から 様式／生き方	～の最初／始原 ～の第一のもの ～の長／初物	彼は私を 獲得した／買った ／つくった	ヤハウェ

*15 ススメ117ページ。

*16 語彙集81ページ中欄。

*17 「カメツ発音区別早わかり表」（→本書8ページ）参照。

*18 語彙集67ページ左欄。

*19 ススメ52ページ。語彙集35ページ左欄。

מֵעוֹלָם נִסַּכְתִּי מֵרֹאשׁ מִקַּדְמֵי־אָרֶץ׃

מֵעוֹלָם	נִסַּכְתִּי	מֵרֹאשׁ	מִקַּדְמֵי־	אָרֶץ׃
生涯／永遠 いにしえから	私は注いでささげた	頭／頂／長 はじめから 隅石／毒草	～の諸々の前／ 東／以前から／ 昔／太古から	地／領地 地面／国

בְּאֵין־תְּהֹמוֹת חוֹלָלְתִּי בְּאֵין מַעְיָנוֹת נִכְבַּדֵּי־מָיִם׃

בְּאֵין־	תְּהֹמוֹת	חוֹלָלְתִּי	בְּאֵין	מַעְיָנוֹת	נִכְבַּדֵּי־	מָיִם׃
無において ～がない中で ～存在しない時	深淵／ 原始の海	私は生まれた／ のたうち回った／ 貫通された	無において／ ～がない中で／ ～存在しない時	諸々の水／ 諸々の水源	重んじられている／ 豊かであり続けている／ 威光を示している	水／泉

בְּטֶרֶם הָרִים הָטְבָּעוּ לִפְנֵי גְבָעוֹת חוֹלָלְתִּי׃

בְּטֶרֶם	הָרִים	הָטְבָּעוּ	לִפְנֵי	גְבָעוֹת	חוֹלָלְתִּי׃
いまだ～ない中 以前において	その山々	彼らは沈められた／ 据えられた	～の面前に	諸々の丘／ 諸々の礼拝所	私は生まれた／ のたうち回った／ 貫通された

STEP.3 統語

主語になる名詞と動詞の語順は、一般には「動詞→主語」なので、1-1 と 1-2 の語順は通例と異なっています。主語を強調している構文です。1-1 と 1-2 は、エバがカインを生んだ時の言葉「私はヤハウェと共に男性／夫を獲得した」（創世記 4 章 1 節。私訳）を裏返しています。「ヤハウェが私を獲得した」と。

さて、この「私」は箴言の文脈上「知恵」חָכְמָה という女性名詞です（8 章 1、12 節ほか）。この「知恵」が擬人化され、人間のように語っているという場面設定。仮にこの方を「知恵さん」と呼びましょう。

用語面に創世記 1 章の天地創造物語との重なり合いが目立ちます（1-3、2-5、3-2、3-7）。「知恵さん」は、創造主が天地創造以前に造った被造物なのでしょうか？　被造物ではないとしたら、神的存在なのでしょうか？　神的存在と唯一神との関係は、ヨハネの福音書 1 章「はじめに言（ことば）（ロゴス：男性名詞）があった」をも思い起こさせます。「知恵さん」と三位一体の神との関係は。むむむ……。

古代西アジアにおいて海や大水、深淵、水源は世界を脅かす不気味なものと考えられていました。時系列的に「天地創造以前」という期間を想定するよりも、むしろ「歴史も自分も呑み込まれるような混沌状況」と詩的に考えたほうがよいかもしれません。

すべての動詞において未完了形は用いられておらず、使われているのは完了形（5 回・断言）と分詞（1 回・継続）だけです。詩文なので無時間的です。ヘブル語そのものが無時間的ではありますが。

1-3 と 2-3、1-5 と 2-4 はそれぞれ同根の言葉ですから対応させると良いでしょう。２行目には３回も同じ前置詞 מִן が使われています。3-1 と 3-4、3-3 と 4-6 も同単語です。同じ訳語が望ましいところです。

3-1 と 3-4、4-1 にある前置詞 בְּ は、「時の副詞」のようにして訳すことができます。[*20] 4-4 の大きい前置詞も、時間の意味で「〜の前」と訳しえます。ただし前述のように、時系列をあえて外す無時間的な解釈もありえます。

STEP.4 自分訳

ヤハウェこそが私を獲得したのだ。彼の生き方の初頭、彼の諸作業の前、その時から。

永遠から、私は頭から注いだ。地の諸々の前から。

諸々の深淵がない中、私は刺し貫かれた。諸々の水源がない中、水が重くされ続けている。

諸々の山が沈められないうちに、諸々の丘の面前で、私は刺し貫かれた。

あえて挑戦的な訳を提示しています。「創造論」という理屈よりも、信徒の現実からこの聖句を読み直します。

「知恵さん」は、エバに思いを馳せながら、「私は誰にも支配されない。神のみのもの。私は神の似姿だ！」（創世1章27節参照）と世界の真ん中で叫んでいるように思えます。「人権宣言」です。

「知恵さん」は、自らの尊厳が深く傷つけられ満身創痍の状態のようでもあります。ゲツセマネの園でのたうち回って祈り、ゴルゴタの丘で刺し貫かれたイエスの姿と重なります（マルコ14章33節、ヨハネ19章34節）。

「知恵さん」は、十字架のイエスを畏（おそ）れ、礼拝しているようです。混沌とした絶望の中でも、香油をイエスの頭に注いでいるからです（マルコ14章3節）。十字架で仕える生き方を全うした、「僕（しもべ）となった王」こそ救い主です。

この信仰により、絶望状況があるままで絶望が無化されます。大雨や洪水は目に見えて人生を押し流しそうですが、根源的絶望のもとである深淵や水源はもはや存在しません。十字架の愚かな言（ロゴス）は神の力、神の知恵（ホクマー）にかなっています（Iコリント1章18節以下）。イエスの創（きず）が新しい歴史を創ります。

＊20　ススメ124ページ。

STEP.5 なぞり書き

יְהוָה קָנָנִי רֵאשִׁית דַּרְכּוֹ קֶדֶם מִפְעָלָיו מֵאָז׃

מֵעוֹלָם נִסַּכְתִּי מֵרֹאשׁ מִקַּדְמֵי־אָרֶץ׃

בְּאֵין־תְּהֹמוֹת חוֹלָלְתִּי בְּאֵין מַעְיָנוֹת נִכְבַּדֵּי־מָיִם׃

בְּטֶרֶם הָרִים הָטְבָּעוּ לִפְנֵי גְבָעוֹת חוֹלָלְתִּי׃

聖書のことばを黙想しましょう。

Q.8　難易度 ★★★★

創世記 1章 1-5節　Genesis 1:1-5

1 בְּרֵאשִׁית בָּרָא אֱלֹהִ֑ים אֵת הַשָּׁמַיִם וְאֵת הָאָרֶץ׃
2 וְהָאָרֶץ הָיְתָה תֹהוּ וָבֹהוּ וְחֹשֶׁךְ עַל־פְּנֵי תְה֑וֹם
3 וְרוּחַ אֱלֹהִים מְרַחֶפֶת עַל־פְּנֵי הַמָּיִם׃
4 וַיֹּאמֶר אֱלֹהִים יְהִי א֑וֹר וַיְהִי־אוֹר׃
5 וַיַּרְא אֱלֹהִים אֶת־הָאוֹר כִּי־ט֑וֹב
6 וַיַּבְדֵּל אֱלֹהִים בֵּין הָאוֹר וּבֵין הַחֹשֶׁךְ׃
7 וַיִּקְרָא אֱלֹהִים ׀ לָאוֹר יוֹם וְלַחֹשֶׁךְ קָרָא לָ֑יְלָה
8 וַיְהִי־עֶרֶב וַיְהִי־בֹקֶר יוֹם אֶחָד׃

作業スペース

	辞書の見出し語	品詞	分析	訳
1-1 בְּרֵאשִׁית				
1-2 בָּרָא				
1-3 אֱלֹהִים				
1-4 אֵת				
1-5 הַשָּׁמַיִם				
1-6 וְאֵת				
1-7 הָאָרֶץ				
2-1 וְהָאָרֶץ				

2-2 הָיְתָה				
2-3 תֹהוּ				
2-4 וָבֹהוּ				
2-5 וְחֹשֶׁךְ				
2-6 עַל				
2-7 פְּנֵי				
2-8 תְהוֹם				
3-1 וְרוּחַ				
3-2 אֱלֹהִים				
3-3 מְרַחֶפֶת				
3-4 עַל				
3-5 פְּנֵי				
3-6 הַמָּיִם				
4-1 וַיֹּאמֶר				
4-2 אֱלֹהִים				
4-3 יְהִי				
4-4 אוֹר				
4-5 וַיְהִי				
4-6 אוֹר				
5-1 וַיַּרְא				
5-2 אֱלֹהִים				
5-3 אֶת				

5-4 הָאוֹר				
5-5 כִּי				
5-6 טוֹב				
6-1 וַיַּבְדֵּל				
6-2 אֱלֹהִים				
6-3 בֵּין				
6-4 הָאוֹר				
6-5 וּבֵין				
6-6 הַחֹשֶׁךְ				
7-1 וַיִּקְרָא				
7-2 אֱלֹהִים				
7-3 לָאוֹר				
7-4 יוֹם				
7-5 וְלָחֹשֶׁךְ				
7-6 קָרָא				
7-7 לָיְלָה				
8-1 וַיְהִי				
8-2 עֶרֶב				
8-3 וַיְהִי				
8-4 בֹקֶר				
8-5 יוֹם				
8-6 אֶחָד				

STEP.0 音読

※「読むのが面倒」という人は、飛ばしてもかまいません

BᵉRē⊃ŠîṮ BāRā⊃ ⊃ĕLōHîM ⊃ēṮ HaŠŠāMaYiM Wᵉ⊃ēṮ Hā⊃āReṢ
WᵉHā⊃āReṢ HāYᵉṮâ ṮōHû WāḆōHû WᵉḤōŠeḴ ⊂aL-PᵉNê TᵉHôM
WᵉRûaḤ ⊃ĕLōHîM MᵉRaḤeP̄eṮ ⊂aL-PᵉNê HaMMāYiM
WaYYō⊃MeR ⊃ĕLōHîM YᵉHî ⊃ôR WaYᵉHî-⊃ôR
WaYYaR⊃ ⊃ĕLōHîM ⊃eṮ-Hā⊃ôR Kî-ṬôḆ
WaYYaḆDēL ⊃ĕLōHîM BêN Hā⊃ôR ûḆêN HaḤōŠeḴ
WaYYiQRā⊃ ⊃ĕLōHîM Lā⊃ôR YôM WᵉLaḤōŠeḴ QāRā⊃ LāYᵉLâ
WaYᵉHî-⊂eReḆ WaYᵉHî-ḆōQeR YôM ⊃eḤāḎ

STEP.1 暗号解読

1行目

1-1 בְּרֵאשִׁית は一文字前置詞を切り落とします。

1-2 בָּרָא はそのまま辞書の見出しですから、パアル完了三男単ですね。

1-5 הַשָּׁמַיִם は「ヘー・パタハ・強ダゲシュ」。[*1]

1-6 וְאֵת は一文字接続詞を切り落とせば 1-4 と同じ。

1-7 הָאָרֶץ も「ヘー・パタハ・強ダゲシュ」とすんなり行きたかったのですが、喉音のため強ダゲシュが打てず「長音化」、さらに「色づけ」。[*2]

2行目

2-1 וְהָאָרֶץ は一文字接続詞を切り落とせば **1-7** と同じ。

2-2 הָיְתָה 一文字目は冠詞ではありません。疑問詞でもありません。母音が違います。語尾を見ると女性名詞かと狙いを定めるも、辞書にありません。どうしましょう。覚えていますか？ 「ヘーは曲者」。何の拍子か、ת に変わる場合があるのです。[*3] これはⅢ－ה 動詞完了三女単の癖です。3語根 היה を復元して辞書を引きましょう。[*4]

2-4 וָבֹהוּ 一文字接続詞を切り落としましょう。[*5]

2-5 וְחֹשֶׁךְ 一文字接続詞を切り落としましょう。

＊1　ススメ40〜41ページ。

＊2　ススメ41〜42ページ。

＊3　ススメ63・174ページ。

＊4　語彙集47ページ左欄。ススメ175〜176ページ。

＊5　接続詞ו の母音は、アクセントを持つ単語の直前に来る場合（特に一対の単語の組み合わせの場合）、このように大カメツになることがあります。

2-7 פְּנֵי ツェレ・ヨードの語尾は男複合の目印です。しかし、残る２文字の名詞は存在しません。ヘーは曲者。突然いなくなることもあります。３文字目に ה を補い、פנה で辞書を引きます。[*6]

3行目

3-1 וְרוּחַ 一文字前置詞があります。潜入パタハをうまく読んでください。[*7]

3-3 מְרַחֶפֶת は大物です。冒頭の מְ は前置詞 מִן ではなさそうです。母音がヒレクではありません。仮に長音化した場合でもシェワにはなりません。次の可能性は動詞の分詞です。[*8] 分詞にも未完了形と似た七語幹見破り呪文があります。「無し・無し・メ・メ・ミト・マ・モ」です[*9]「ティ・ティ・テ・テ・ティト・タ・ト」とよく似ているでしょう。ピエルかプアルの分詞です。そして母音記号の付き方によって、ピエル分詞女単独と解読できます。[*10]

3-6 הַמָּיִם 「ヘー・パタハ・強ダゲシュ」。

4行目

4-3 יְהִי むむ、短い。しかし冒頭に「あの４人（人称接頭辞）」のうちの１人がいますね。残る２文字に何かを補充するという毎度の作業。はい、またもや置き手紙なしでいなくなった ה を３語根目に補いましょう。この動詞も「イツメン」（いつものメンバー）となりました。ただし、この形はパアル未完了三男単の「短形」、そう「指示形」です。Ⅲ－ה 動詞の指示形は ה が脱落します。この現象はワウ継続法未完了においても起こります。[*11]

4-5 וַיְהִי **4-3** 参照。

5行目

5-1 וַיַּרְא「ワウ・パタハ・強ダゲシュ」。「あの４人」のうちの１人を切り落とすと、２文字しか残りません。第１語根に強ダゲシュ（または י の母音に長音化現象）があればⅠ－נ 動詞を疑います。י に母音ツェレがあれば、Ⅰ－י 動詞を、י に母音カメツがあれば二語根動詞やⅡ－Ⅲ動詞を疑います。すべてあてはまりません。はい、「ヘーは曲者」、Ⅲ－ה 動詞です。[*12]

5-4 הָאוֹר 冠詞と長音化を見破れましたね。

＊6　語彙集145ページ右欄。

＊7　ススメ26～27ページ。

＊8　「暗号解読の目印とりまとめ」（→本書12～13ページ）参照。

＊9　ススメ118ページ。

＊10　ススメ117ページ。語彙集166ページ中欄、202ページ。この単語は第２語根が喉音のため強ダゲ シュが打たれません。

＊11　ススメ114・175～176ページ。

＊12　語彙集163ページ左欄。

6行目

6-1 וַיַּבְדֵּל　וַיַּ ワウ・パタハ・強ダゲシュ。「あの4人」のうちの1人がいますね。未完了形の七語幹見破り呪文、ヨードの場合は「イ・イ・イェ・イェ・イト・ヤ・ヨ」です。この形が一番多く登場します。要チェックです。「ヤ」ですから、ヒフィル語幹です。めずらしく規則動詞です。*13 なおダレトに付いているのは弱ダゲシュです。*14

6-3 בֵּין は **6-5** וּבֵין（一文字接続詞付き）とコンビの構文です。「～と～との間に」という意味です。

6-6 הַחֹשֶׁךְ は **2-5** の名詞に冠詞がついた形です。長音化しない喉音もあります。アレフやアインは長音化させますが（それを「拒否」とも呼びます）、ヘーやヘートは母音パタハをそのまま受容します。喉音はパタハが大好きなのです。*15

7行目

7-1 וַיִּקְרָא「ワウ・パタハ・強ダゲシュ」「イ・イ・イェ・イェ・イト・ヤ・ヨ」。パアルかニファル語幹の未完了三男単。第1語根 ק に強ダゲシュがないのでパアルです。*16

7-3 לָאוֹר　לָ は一文字前置詞でしょう。しかし、なぜ母音カメツが付いているのでしょうか？　見えなくなった品詞を見破れますか。*17

7-5 וְלַחֹשֶׁךְ も **7-3** から類推できますね。

7-6 קָרָא は **7-1** と同じ動詞の辞書の見出しの形です。

8行目

8-1 と **8-3** は **4-5** と同じです（וַיְהִי）。省力省力。

STEP.2　全体一気見

בְּרֵאשִׁית	בָּרָא	אֱלֹהִים	אֵת	הַשָּׁמַיִם	וְאֵת	הָאָרֶץ׃
最初／始原 第一のものにおいて 長／初物において	彼はつくった／ 創った	神／神々	～を ～と共に	その双天	そして～を／に ～と共に	その地／領地 その地面／国

וְהָאָרֶץ	הָיְתָה	תֹהוּ	וָבֹהוּ	וְחֹשֶׁךְ	עַל־	פְּנֵי	תְהוֹם
そしてその地／ 領地／地面／国	彼女は起こった 成った／ あった	無形／ 空虚	そして空虚	そして闇／ 暗闇	～の上に／ に接して／ に関して	顔／自身／ 表面／前	深淵／ 原始の海

*13　語彙集25ページ左欄、198ページ。

*14　「ダゲシュの区別早わかり表」（→本書8ページ）参照。

*15　ススメ41ページ。

*16　語彙集161ページ左欄。

*17　ススメ45～46ページ。「冠詞と前置詞の合体」と「長音化」が同時に起こっています。

- וְרוּחַ — そして～の息／風／霊／の原動力
- אֱלֹהִים — 神／神々
- מְרַחֶפֶת — 舞い続けている／浮かび続けている／漂い続けている
- עַל־ — ～の上に／に接して／に関して／
- פְּנֵי — 顔／自身／表面／前
- הַמָּיִם׃ — その双水／その双泉

- וַיֹּאמֶר — そして彼は見た／認めた／見習った／わかった
- אֱלֹהִים — 神／神々
- יְהִי — 彼が起こるように／成るように／あるように
- אוֹר — 光／朝日／曙光／星の輝き／稲妻／明かり
- וַיְהִי — そして彼は起こった／成った／あった
- ־אוֹר׃ — 光／朝日／曙光／星の輝き／稲妻／明かり

- וַיַּרְא — そして彼は見た／認めた／見習った／わかった
- אֱלֹהִים — 神／神々
- אֶת־ — ～を／に／～と共に／～の近くに
- הָאוֹר — その光／朝日／曙光／星の輝き／稲妻／明かり
- כִּי־ — 実に／～ということ／もし～ならば
- טוֹב — 彼は良かった／繁栄／幸福／良いもの／快い／良い／優れた

- וַיַּבְדֵּל — そして彼は分けた／離れさせた／区分した／選び出した
- אֱלֹהִים — 神／神々
- בֵּין — ～の間
- הָאוֹר — その光／朝日／曙光／星の輝き／稲妻／明かり
- וּבֵין — そして～の間
- הַחֹשֶׁךְ׃ — その闇／その暗黒

- וַיִּקְרָא — そして彼は呼んだ／叫んだ／朗読した／招集した／名付けた／起こった／出会った
- אֱלֹהִים ׀ — 神／神々
- לָאוֹר — その光のために／を
- יוֹם — 昼／日／生涯／時代／風／苦境
- וְלַחֹשֶׁךְ — そしてその夜のために／を
- קָרָא — 彼は呼んだ／叫んだ／朗読した／招集した／名付けた／起こった／出会った
- לָיְלָה — 夜

- וַיְהִי־ — そして彼は起こった／成った／あった
- עֶרֶב — 夕／夜／アラビア
- וַיְהִי־ — そして彼は起こった／成った／あった
- בֹקֶר — 朝／次の日
- יוֹם — 昼／日／生涯／時代／風／苦境
- אֶחָד׃ — 一／ひとつの／各々の／とある／ひとつだけの／一方の／第一の

STEP.3 統語

1行目

1-1 が強調されて動詞よりも前に置かれています。あるいは、1-1 を創世記 2 章 4 節 b のように、「神が天地を創った初めの時」のように従属節を導く「時の副詞」ととることも不可能ではありません。その場合、2-1 の一文字接続詞は訳出しません。

1-2 の主語が三男単と単数なので、1-3 は単数の「神」としか訳せません。

1-4 と 1-6 の前置詞は「創った」の目的語がほしいところなので「～を」でしょう。

1-5 と 1-7 の冠詞は、「広く知られている事物」に冠詞を付けるという用法です。

2行目

2-3 と 2-4 はコンビの熟語で、エレミヤ書 4 章 23 節にも登場します。

2-5 以降の文には動詞がありません。

2-6 と 2-7 のコンビは、3-4 と 3-5 のコンビと同じです。となると「闇」と「神の霊」が並行します。類義語でしょうか、反意語でしょうか。

3行目

3-1 は合成形で 3-2 と連結しています。3-1 の一文字接続詞は「そして」とも「しかし」とも訳すことができます。２行目の趣旨と３行目の趣旨が反対だと解するならば、「しかし」と訳します。

3-2 には冠詞がありません。固有名詞のように「エロヒーム」とも訳せるかもしれません。前に登場した「神」には、通例冠詞をつけるものですが……。

3-3 は天地創造における「神の霊／風」の働きをどのように評価するかで訳語の選びが変わります。

4行目

4-2 に冠詞が付いていない一方で、5-4 には 4-6 と同じ光であると示すための冠詞が付いています。「その神」としない奇妙な用法が続きます。

5行目

5-1、神はその光を単に「見た」のか、それとも何らかの評価を含んで「認めた」のかを判断しなくてはいけません。その判断は 5-5 の翻訳に関わります。「彼（男性名詞）が良いから見た」のでしょうか、それとも「彼（男性名詞）が良いということを認めた」のでしょうか、それとも「実に良い」と快哉（かいさい）の叫びを上げたのでしょうか。

5-6 の品詞の選択において、文法上名詞は困難です。一単語では名詞文になりません。では動詞でしょうか、形容詞でしょうか。動詞であれば「その光が良かった」のか、それとも「神が良かった」のかの判断が必要です。もちろんその答えは創世記１章 31 節に用意されています。神が造ったものすべてがきわめて良かったのです。しかし、最初の読者にとっては、どちらともとれる曖昧な文です。この曖昧さや両義性／多義性に、原典で読むことの魅力があります。形容詞の場合は、何らかの主語を補って訳さなくてはいけません。「それは良い」という具合です。

6行目

6-6 は 2-5 と同じ闇であることを示すために冠詞が付いている一方、6-2 には冠詞が付いていません。7-2 もです！　とうとう「エロヒーム」で通してしまいました。

6-3 と 6-5 は熟語です。「〜と〜との間に」と訳します。

7行目

7-2 と 7-3 の間にペセク（｜）があります。この「間」をどうとらえましょうか。

7-1 と 7-6 は同じ動詞 קָרָא をあえて繰り返しています。名づけの強調でもあり、1-2 の動詞 בָּרָא と調子を合わせてもいます（Ⅲ－א 動詞）。同じパアル完了三男単であり、第２語根と第３語根が同じ文字ですから、語呂合わせにもなっています。「創る」ことと「名づける」こととは関連しています。

8行目

8-1 と 8-3 は、4-5 と同じ単語です。ユダヤ社会では日没から一日が始まります。

8-6 は基数であって序数ではないので、基本的には「一」「ひとつの」という意味の言葉です。創造の２日目以降は序数が用いられ「第２の日」等と訳さなくてはならないのに、創造の１日目だけは特別に「第１日」「１日目」とは書いていません。＊18

STEP.4 自分訳

神がその天とその地とを創った始原において、

その地は無形と空虚だった。そして闇が深淵の表面の上に。

しかし神の霊がその水の表面の上に舞い続けている。

そして神は言った。「光が起こるように」。そして光が起こった。

そして神はその光を認めた。「実に良い」。

そして神はその光とその闇との間を分けた。

そして神が名付けた。その光のために日と、そしてその闇のために夜と彼は名づけた。

そして夕が起こった。そして朝が起こった。一日。

最初の天地創造の業（わざ）は、光に対する「生起するように」という指示と、光と闇とを分けること、日と夜を名づけることでした。一連の対照が印象的です。天と地、光と闇、日と夜、朝と夕。そして、この対照の延長線に、霊（生み出す力）と闇（破壊する力）、良と悪、幸福と災厄、区分と無形、希望と絶望がありえます。

闇を「夜」と名づけた創造主の救いの業（わざ）を覚えます。たとえば「ジェンダー」「ハラスメント」という名づけによって、闇の仕組みが暴かれて、仕組みをわからせない混乱が光によって整理され、抑圧されている人が救い出されています。

全世界の第１日目に希望を創った神は、１日の中でも希望を創られる神です。

＊18　ススメ79～84ページ。

それは毎日来る単なる1日でもあり、世界にただ1回しか来ない唯一の日でもあります。

創造主は、私たちを呑み込む嵐を「黙れ、鎮まれ」としかりつけ、不動の深みである絶望の淵を何とか動かそうと働きかけ続け、混乱の只中(ただなか)から光や希望に「出てこい」と命じ、絶望と希望とを区分整理される「良い方」です。信仰生活とは、つまるところ一日一日この救いを経験することでしょう。必ず十字架の夕が起こり、必ず復活の朝が起こります。

朝日を前に、毎日私たちは「実に良い」と祈ります。

STEP.5 なぞり書き

בְּרֵאשִׁית בָּרָא אֱלֹהִים אֵת הַשָּׁמַיִם וְאֵת הָאָרֶץ׃
וְהָאָרֶץ הָיְתָה תֹהוּ וָבֹהוּ וְחֹשֶׁךְ עַל־פְּנֵי תְהוֹם
וְרוּחַ אֱלֹהִים מְרַחֶפֶת עַל־פְּנֵי הַמָּיִם׃
וַיֹּאמֶר אֱלֹהִים יְהִי אוֹר וַיְהִי־אוֹר׃
וַיַּרְא אֱלֹהִים אֶת־הָאוֹר כִּי־טוֹב
וַיַּבְדֵּל אֱלֹהִים בֵּין הָאוֹר וּבֵין הַחֹשֶׁךְ׃
וַיִּקְרָא אֱלֹהִים ׀ לָאוֹר יוֹם וְלַחֹשֶׁךְ קָרָא לָיְלָה
וַיְהִי־עֶרֶב וַיְהִי־בֹקֶר יוֹם אֶחָד׃

聖書のことばを黙想しましょう。

Q.9 難易度 ★★★★★

ミカ書 4章 1-3節 Micah 4:1-3

イザヤ書 2章 2-4節 Isaiah 2:2-4

ミカ書4章1-3節は、イザヤ書2章2-4節とほぼ同じ内容です。この本では併存の理由については深入りしません。両本文を対照しつつ、それぞれの存在を豊かさとして喜びます。相違がある箇所をグレーの網かけで示しています。

【ミカ書 4章 1-3節】

1 וְהָיָה ׀ בְּאַחֲרִית הַיָּמִים
2 יִהְיֶה הַר בֵּית־יְהוָה
3 נָכוֹן בְּרֹאשׁ הֶהָרִים
4 וְנִשָּׂא הוּא מִגְּבָעוֹת
5 וְנָהֲרוּ עָלָיו עַמִּים׃

6 וְהָלְכוּ גּוֹיִם רַבִּים וְאָמְרוּ
7 לְכוּ ׀ וְנַעֲלֶה אֶל־הַר־יְהוָה
8 וְאֶל־בֵּית אֱלֹהֵי יַעֲקֹב
9 וְיוֹרֵנוּ מִדְּרָכָיו
10 וְנֵלְכָה בְּאֹרְחֹתָיו
11 כִּי מִצִּיּוֹן תֵּצֵא תוֹרָה
12 וּדְבַר־יְהוָה מִירוּשָׁלִָם׃

13 וְשָׁפַט בֵּין עַמִּים רַבִּים
14 וְהוֹכִיחַ לְגוֹיִם עֲצֻמִים
15 עַד־רָחוֹק
16 וְכִתְּתוּ חַרְבֹתֵיהֶם לְאִתִּים
17 וַחֲנִיתֹתֵיהֶם לְמַזְמֵרוֹת
18 לֹא־יִשְׂאוּ גּוֹי אֶל־גּוֹי חֶרֶב
19 וְלֹא־יִלְמְדוּן עוֹד מִלְחָמָה׃

【イザヤ書 2章 2-4節】

1 וְהָיָה ׀ בְּאַחֲרִית הַיָּמִים
2 נָכוֹן יִהְיֶה הַר בֵּית־יְהוָה
3 בְּרֹאשׁ הֶהָרִים
4 וְנִשָּׂא מִגְּבָעוֹת
5 וְנָהֲרוּ אֵלָיו כָּל־הַגּוֹיִם׃

6 וְהָלְכוּ עַמִּים רַבִּים וְאָמְרוּ
7 לְכוּ ׀ וְנַעֲלֶה אֶל־הַר־יְהוָה
8 אֶל־בֵּית אֱלֹהֵי יַעֲקֹב
9 וְיֹרֵנוּ מִדְּרָכָיו
10 וְנֵלְכָה בְּאֹרְחֹתָיו
11 כִּי מִצִּיּוֹן תֵּצֵא תוֹרָה
12 וּדְבַר־יְהוָה מִירוּשָׁלִָם׃

13 וְשָׁפַט בֵּין הַגּוֹיִם
14 וְהוֹכִיחַ לְעַמִּים רַבִּים
15 וְכִתְּתוּ חַרְבוֹתָם לְאִתִּים
16 וַחֲנִיתוֹתֵיהֶם לְמַזְמֵרוֹת
17 לֹא־יִשָּׂא גוֹי אֶל־גּוֹי חֶרֶב
18 וְלֹא־יִלְמְדוּ עוֹד מִלְחָמָה׃

作業スペース

※メモとしてお使いください。

STEP.0 音読

※「読むのが面倒」という人は、飛ばしてもかまいません

【ミカ書 4章 1-3節】

WeHāYâ Be⊃aḤăRîṮ HaYYāMîM
YiHYeH HaR BêṮ-⊃ăḎōNāY
NāḴôN BeRō⊃Š HeHāRîM
WeNiŚŚā⊃ Hû⊃ MiGGeḆā⊂ôṮ
WeNāHăRû ⊂āLāYW ⊂aMMîM

WeHāLeḴû GôYiM RaBBîM
We⊃āMeRû
LeḴû WeNa⊂ăLeH ⊃eL-HaR-
⊃ăḎōNāY
We⊃eL- BêṮ ⊃ĕLōHê Ya⊂ăQōḆ
WeYôRēNû MiDDeRāḴāYW
WeNēLeḴâ Be⊃ōReḤōṮāYW
Kî MiṢṢiYYôN TēṢē⊃ ṮôRâ
ûḎeḆaR-⊃ăDōNāY MîRûŠāLāiM

WeŠāP̄aṬ BêN ⊂aMMîM RaBBîM
WehôḴîaḤ LeḠôYiM ⊂ăṢuMîM
⊂aḎ-RāḤôQ
WeḴiTTeṮû ḤaRḆōṮêHeM Le⊃iTTîM
WaḤăNîṮōṮêHeM LeMaZMēRôṮ
Lo⊃-YiŚ⊃û GôY ⊃eL- GôY ḤeReḆ
WeLō⊃-YiLMeḎûN ⊂ôḎ- MiLḤāMâ

【イザヤ書 2章 2-4節】

WeHāYâ Be⊃aḤăRîṮ HaYYāMîM
NāḴôN YiHYeH HaR BêṮ-⊃ăḎōNāY
BeRō⊃Š HeHāRîM
WeNiŚŚā⊃ MiGGeḆā⊂ôṮ
WeNāHăRû ⊃ēLāYW-KoL-HaGGôYiM

WeHāLeḴû ⊂aMMîM RaBBîM
We⊃āMeRû
LeḴû WeNā⊂ăLeH ⊃eL-HaR-
⊃ăḎōNāY
⊃eL- BêṮ ⊃ĕLōHê Ya⊂ăQōḆ
WeYōRēNû MiDDeRāḴāYW
WeNēLeḴâ Be⊃ōReḤōṮāYW
Kî MiṢṢiYYôN TēṢē⊃ ṮôRâ
ûḎeḆaR-⊃ăḎōNāY MîRûŠāLāiM

WeŠāP̄aṬ BêN HaGGôYiM
WehôḴîaḤ Le⊂aMMîM RaBBîM
WeḴiTTeṮû ḤaRḆôṮāM Le⊃iTTîM
WaḤăNîṮōṮêHeM LeMaZMēRôṮ
Lō⊃-YiŚŚā⊃ ḠôY ⊃eL- GôY ḤeReḆ
WeLō⊃-YiLMeḎû ⊂ôḎ- MiLḤāMâ

STEP.1 暗号解読

M はミカ書本文の略、**I** はイザヤ書本文の略

1行目 ※両方同じです。

1-1 וְהָיָה 冒頭の一文字接続詞を切り落とすと、残りは辞書の見出し語です。

1-2 בְּאַחֲרִית 上と同様、一文字接続詞を切り落とすと辞書の見出し語です。

1-3 הַיָּמִים へー・パタハ・強ダゲシュ。残りは準母音一音節名詞の複数形です。[*1]

2行目

I 2-1 = M3-1 נָכוֹן 第1語根と第2語根の母音記号だけに注目してください。「アーオーは不定詞独立」です！[*2] しかし נכן という動詞は存在しません。どうしましょう。これは難問。כּוּן からの連想と冒頭の נ からの連想が必要です。実は二語根動詞 כּוּן のニファル語幹です。[*3]

M2-1 = I 2-2 יִהְיֶה 「イ・イ・イェ・イェ・イト・ヤ・ヨ」。冒頭の1文字をパアル／ニファル未完了の目印と見破り切り落とすと、おなじみⅢ－ה 動詞ですね。

M2-3 = I 2-4 בֵּית 頻出名詞の合成形です。アルファベットそのままで辞書を引けます。この機会に覚えましょう。[*4]

3行目

M3-2 = I 3-1 בְּרֹאשׁ 冒頭の一文字前置詞を切り落とします。

M3-3 = I 3-2 הֶהָרִים 「喉音の前の冠詞」という現象です。強ダゲシュが打たれない場合、冠詞の母音がセゴルになる場合もあります。そして、男複独の語尾ですね。[*5]

4行目

4-1 וְנִשָּׂא 冒頭の一文字接続詞を切り落とします。３文字残るので恐る恐る辞書を引くと נשׂא が存在します。[*6] しかし２文字目の強ダゲシュが気になります。Ⅰ－נ 動詞の活用一覧表を見ると、ニファル完了三男単、ピエル完了三

＊1　ススメ52～53ページ。

＊2　ススメ121～122ページ。

＊3　ススメ171ページ。語彙集209～210ページ。ニファル完了三男単とニファル分詞男単独がこの形です。

＊4　ススメ57ページ、語彙集27ページ左欄。

＊5　ススメ41～42ページ。

＊6　語彙集121ページ右欄。

男単、ニファル分詞男単独の三通りがありえます。[*7]

M4-3＝I4-2 מִגְּבָעוֹת 冒頭の１文字と次の強ダゲシュで二文字前置詞を見破ります。וֹת の終わり方は女性名詞複数形の目印です。この部分も切り落とし、女性名詞なので ה ָ を復元して辞書を引きます。[*8]

5行目

5-1 וְנָהֲרוּ 冒頭の一文字接続詞を切り落とし、Ⅱ－喉音動詞（第２語根が א ח ע ר の４文字のうちどれかである動詞）の活用一覧を見ましょう。パアル完了三共複です。[*9]

M5-2 עָלָיו と **I5-2** אֵלָיו 「複数名詞型」の「大きい前置詞」に人称語尾三男単が付いています。[*10]

M5-3 עַמִּים　ים ִ は名詞の男複独の目印です。切り落として辞書を引きます。[*11]

I5-3 כָּל־ マケフの連結に注目します。短音化しています。頻出名詞の男単合です。[*12]

I5-4 הַגּוֹיִם 「ヘー・パタハ・強ダゲシュ」。めずらしい形ですが、ִים も名詞の男複独の目印と考えてください。

6行目

6-1 וְהָלְכוּ 冒頭の一文字接続詞を切り落とします。切り落とした後の１文字目が「あの４人（人称接頭辞）」のうちの１人ではないので完了形の匂いがします。語尾の וּ は完了三共複の目印です。３語根が取り出せました。

M6-2 גּוֹיִם は **I5-4** を参照してください。**I6-2** עַמִּים は **M5-3** を参照してください。

6-3 רַבִּים　ים ִ は名詞の男複独の目印ですが、形容詞かもしれません。[*13]

6-4 וְאָמְרוּ　**6-1** を参照してください。

7行目

7-1 לְכוּ ３文字あります。しかし語尾の וּ は、動詞の完了三共複か、未完了三男複か、未完了二男複の目印でもあります。切り落とすと２文字残ります。

＊7　語彙集205～206ページ。

＊8　ススメ52ページ。語彙集35ページ左欄。

＊9　語彙集115ページ左欄、201ページ。

＊10　ススメ67～68ページ。

＊11　ススメ51ページ

＊12　ススメ23、58ページ。語彙集82ページ中欄、83ページ中欄。

＊13　ススメ73～76ページ。語彙集163ページ右欄。

何かを補わなくてはいけません。実はⅠ－נ動詞とⅠ－י動詞が、パアル命令二男複で同じ母音の付き方です。[*14] ということは נְלַךְ か יְלַךְ か。ところが、どちらも辞書にありません。以前も申し上げましたが、יְלַךְ まで解読できたらブレーキをかけましょう。その動詞は הלך です。[*15]

7-2 וְנַעֲלֶה 冒頭の一文字接続詞を切り落とします。4文字残るうちの第1文字が「あの4人（人称接頭辞）」のうちの1人です。未完了形の七語幹見破り呪文、ヌンの場合は「ニ・ニ・ネ・ネ・ニト・ナ・ノ」です。ということはヒフィル語幹か！　しかし2語根目と3語根目の間にヒフィルの目印 ִי があありません。よく見るとⅠ－喉音動詞かつⅢ－ה動詞のパアル未完了一共複です。両方の特徴が、母音の付き方に表れています。[*16] 頻出動詞なので覚えてしまいましょう。

8行目

M8-1 וְאֶל 冒頭の一文字接続詞を切り落とします。すると、**I 8-1** と同じ単語です。

8-2 בֵּית **M2-3** 参照。

8-3 אֱלֹהֵי ֵי は男複合・男双合・女双合の目印です。男複独の形ですでに登場しています。

9行目

M9-1 וְיוֹרֵנוּ ≒ **I 9-1** וְיֹרֵנוּ 準母音付き長母音と単なる長母音のつづりの違いは意味に影響しません。原典にはこのような現象がありえます。わかりやすいので、**M9-1** を分析します。

一文字接続詞を切り落とします。「あの4人」の1人がいます。י の存在から未完了三男単か三男複を疑います。次の文字が וֹ です。この2つの情報から、Ⅰ－י動詞の未完了三男単か三男複と睨みます。[*17] 語尾が וּ ですから三男複と推測して ירן で辞書を引きます。ところが存在しません。ここでもう一ひねり。よく見ると נוּ という終わり方です。これは「動詞の人称語尾」一共単の目印です。[*18] 3つ目の語根を補い、辞書を引きましょう。何も言わずにいなくなる ה は曲者。Ⅰ－י かつⅢ－ה 動詞 ירה の未完了ヒフィル三男単です。[*19]

9-2 מִדְּרָכָיו 冒頭の文字と次の文字の強ダゲシュから前置詞 מִן を取り出

＊14　語彙集206、208ページ。

＊15　ススメ166ページ。

＊16　ススメ179ページ。語彙集134ページ右欄、200ページ、211ページ。

＊17　ススメ164～165ページ。

＊18　ススメ127ページ。動詞の人称語尾は、その動詞の目的語となります。

＊19　語彙集78ページ左欄、207ページ、211ページ。

します。末尾の ָיו は複数名詞に人称語尾三男単が付いた時の目印です。[*20] セゴリム名詞です。

10行目

10-1 וְנֵלְכָה 一文字接続詞を切り落とします。1文字目は「あの４人」の1人です。切り落として辞書を引くも、動詞 לכה は存在しません。確かに נֵ という母音は「ニ・ニ・ネ・ネ・ニト・ナ・ノ」という呪文にも乗っかりません。頭を切り替えて、母音ツェレに注目。未完了形人称接頭辞の母音がツェレならば、I－י 動詞を疑うべきです。[*21] 語尾の ה は「何らかの理由」でくっついたとし、ילךְ つまり הלךְ を取り出します。では「何らかの理由」とは何でしょうか。ָה は未完了形一人称の語尾についている場合、「願望形」です。[*22]

10-2 בְּאֹרְחֹתָיו 冒頭の一文字前置詞を切り落とします。語尾は複数名詞にくっついた人称語尾三男単ですね。残りは אֹרְחֹת です。これは אֹרְחוֹת の別の表記の仕方です。וֹת は女性名詞複数形の目印です。これも切り落として辞書を引きます。[*23]

11行目

11-2 מִצִּיּוֹן 冒頭の1文字と次の強ダゲシュで前置詞を見破ります。残りは地名です。[*24]

11-3 תֵּצֵא 「あの４人」かつ残り２文字の母音がツェレ＋ツェレ。I－י 動詞パアル未完了形の匂いがプンプンします。[*25]

12行目

12-1 וּדְבַר 冒頭の一文字接続詞を切り落とすと名詞の男単合の形です。[*26]

12-3 מִירוּשָׁלִָם 冒頭の1文字は前置詞 מִן の一部に見えます。しかし２文字目に強ダゲシュがありません。これは発音を容易にするための不規則が起こっているためです。יְ で始まる単語と前置詞 מִן がくっつくと、このような表記になることがあります。[*27]

13行目

13-1 וְשָׁפַט 冒頭の一文字接続詞を切り落とせば、辞書の見出し語です。

＊20　ススメ62ページ。

＊21　ススメ164ページ。

＊22　ススメ115ページ。

＊23　語彙集20ページ右欄。

＊24　語彙集152ページ中欄。

＊25　ススメ164ページ。語彙集76ページ右欄。

＊26　ススメ47、50ページ。語彙集41ページ中欄。

＊27　語彙集78ページ中欄。

M13-3 と **M13-4** עַמִּים רַבִּים **I 6-2** と **I 6-3** と同じコンビです。**I 13-3** は **I 5-4** と同じ単語です。

14行目

14-1 וְהוֹכִיחַ 冒頭の一文字接続詞を切り落とします。残り הוֹכִיחַ 5文字のうち2文字は準母音です。特に הוֹ はＩ－י 動詞のヒフィル完了形をうかがわせます。「無し・ニ・無し・無し・ヒト・ヒ・ホ」。規則動詞の場合、完了形のヒフィル語幹には הִ が接頭辞として付きます。しかしＩ－י 動詞の場合、第一語根 י が וֹ に交代し、結果として הוֹ が登場します。[*28] 第2語根と第3語根の間の יִ もヒフィルの目印です。[*29] 第3語根についている潜入パタハは、Ⅲ－喉音動詞の目印。[*30] 暗号解読のまとめは、Ｉ－י かつⅢ－喉音動詞 יכח のヒフィル完了三男単です。[*31]

M14-2 לְגוֹיִם 冒頭の1文字を切り落とせばおなじみの名詞です。**I 14-2** לְעַמִּים もイツメンですね。すると **I 14-2** と **I 14-3** רַבִּים はおなじみのコンビです。

M14-3 עֲצֻמִים עַד־רָחוֹק ...

M14-3 עֲצֻמִים יִם を切り落として辞書を引くと母音がずいぶん異なることに気づきます。עֶצֶם？ עֹצֶם？ ここももう一ひねり。יִם のせいで「短音化」が起こっていることを疑います。[*32] 形容詞 עָצוּם まで復元してください。[*33] 母音キブツがヒントです。

15行目

M15-1 עַד と **M15-2** רָחוֹק はミカ書にしかありません。ここからイザヤ書が一行減るのでご注意を。どちらの単語もそのまま辞書の見出し語です。

16行目

M16-1 ＝ **I 15-1** וְכִתְּתוּ 冒頭の一文字前置詞を切り落とします。未完了の目印「あの4人」は誰も所定の位置にいません。となると語尾の וּ は完了形三共複が疑わしいです。第2語根に強ダゲシュがあるのでピエルかプアル、「無し・ニ・無し・無し・ヒト・ヒ・ホ」とも合致します。第1語根の母音がヒレクなのでピエルでしょう。כתת のピエル完了三共複です。[*34]

M16-2 ≒ **I 15-2** חַרְבֹתֵיהֶם יהֶם という末尾も ם という語尾も、複

*28　ススメ165ページ。
*29　ススメ101、106ページ。
*30　ススメ155ページ。
*31　語彙集74ページ左欄、同203、207ページ。
*32　ススメ51ページ。
*33　語彙集138ページ中欄。
*34　語彙集87ページ中欄。

数名詞に人称語尾三男複が付いた形です。[*35] חַרְבֹת から חַרְבוֹת へと女性名詞複数形の十全な形を復元します。この点では **I 15-2** がヒントとなります。וֹת を切り落として辞書を引きます。セゴリム名詞です。[*36]

M 16-3 = I 15-3 לְאִתִּים 冒頭の一文字前置詞を切り落とします。語尾の ִים を男複独と見破って切り落とします。短音化が起こっていますから、אֵת でご名答です。[*37]

17行目

M 17-1 = I 16-1 וַחֲנִיתֹתֵיהֶם 冒頭の「最短母音の前」にある一文字接続詞を切り落とします。色づけを見破りましょう。[*38] 残りは **M 17-2 = I 16-2** と同じ要領です。[*39]

M 17-2 = I 16-2 לְמַזְמֵרוֹת 冒頭の一文字前置詞を切り落とし、語尾の וֹת を女性名詞複数形と見破りつつ切り落とし、ָה を復元して辞書を引きます。[*40]

18行目

M 18-2 יִשְׂאוּ と **I 17-2** יִשָּׂא は、微妙に異なっています。**I 17-2** のほうが規則的なので、そちらから取り組みます。「あの４人」のうちの１人ですから未完了です。「イ・イ・イェ・イェ・イト・ヤ・ヨ」によればパアルかニファルです。切り落とすと２文字しか残りません。何を補充しましょう。שּׂ は強ダゲシュですからＩ－נ 動詞と見破ります。נשׂא のパアル未完了三男単です。[*41] **M 18-2** は同じ動詞のパアル未完了三男複です。この動詞のパアル未完了三男複はＩ－נ 動詞でありながら強ダゲシュをつけないという不規則な形をとります。

19行目

M 19-1 = I 18-1 וְלֹא 冒頭の一文字接続詞を切り落とせば、**M 18-1 = I 17-1** לֹא と同じ単語です。

M 19-2 ≒ I 18-2 יִלְמְדוּן 「あの４人」のうちの１人 י です。**M 19-2** の語尾の ן は、以前も出ました。語調を整えたり、何らかの強調を示したりする ן です。**I 18-2** を見ましょう。未完了三男複または二男複の語尾 וּ です。人称接頭辞が י ですから、三男複でしょう。[*42]

＊35　ススメ62～63ページ。

＊36　語彙集63ページ中欄。

＊37　語彙集23ページ右欄。ヘブル語ではi音とe音、u音とo音は、それぞれ舌の位置が同じレベルとみなされ、長母音ツェレ（e音）から短母音ヒレク（i音）への短音化もありえます。

＊38　ススメ47～48ページ。

＊39　語彙集60ページ右欄。

＊40　語彙集96ページ中欄。

＊41　語彙集121ページ右欄、206ページ。なおIII－א動詞でもあるためשָׂの母音は大カメツ。

＊42　語彙集90ページ中欄。

STEP.2 全体一気見

【ミカ書 4章1-3節】

- **וְהָיָה** そして彼は 成った／起こった ｜ **בְּאַחֲרִית** 最終部において／未来において ｜ **הַיָּמִים** その日々／その時代時代
- **יִהְיֶה** 彼は成る／起こる ｜ **הַר** 山／丘／山地 ｜ **בֵּית־יְהוָה** ヤハウェの家／倉 ヤハウェの家系
- **נָכוֹן** 彼は固定した／固定しつつある ｜ **בְּרֹאשׁ** 頭／頂において ｜ **הֶהָרִים** その山々／丘々 その山地
- **וְנִשָּׂא** そして彼は 持ち上げられた／持ち上げられつつある／高くあげられた ｜ **הוּא** 彼は ｜ **מִגְּבָעוֹת** 丘々から 諸礼拝所から
- **וְנָהֲרוּ** そして彼らは 流れた／輝いた／晴れた ｜ **עָלָיו** 彼の上に／接して／関して ｜ **עַמִּים׃** 諸々の民／人々

- **וְהָלְכוּ** そして彼らは 行った／歩んだ ｜ **גּוֹיִם** 国々／諸々の群れ ｜ **רַבִּים** 多い／十分 ｜ **וְאָמְרוּ** そして彼らは 言った／思った
- **לְכוּ** 貴男らは 行け／歩め ｜ **וְנַעֲלֶה** そして私たちは 上がる／登る ｜ **אֶל־הַר־יְהוָה** ヤハウェの山へ／山の中へと
- **וְאֶל־בֵּית** そして～の家へ／家の中へと ｜ **אֱלֹהֵי** ～の神／神々 ｜ **יַעֲקֹב** ヤコブ
- **וְיוֹרֵנוּ** そして彼は私たちを 投げる／教える ｜ **מִדְּרָכָיו** 彼の道／旅から 彼の様式／生き方から
- **וְנֵלְכָה** そして私たちは 行きたい／歩みたい ｜ **בְּאֹרְחֹתָיו** 彼の小道／旅から 彼の生き方において
- **כִּי** 実に／なぜなら ｜ **מִצִּיּוֹן** シオンから ｜ **תֵּצֵא** 彼女は出る／出ていく ｜ **תוֹרָה** 教え／指示 律法／やり方
- **וּדְבַר־יְהוָה** そしてヤハウェのことば／出来事 ｜ **מִירוּשָׁלִָם׃** エルサレムから

【イザヤ書 2章2-4節】

- **וְהָיָה** そして彼は 成った／起こった ｜ **בְּאַחֲרִית** 最終部において 未来において ｜ **הַיָּמִים** その日々 その時代時代
- **נָכוֹן** 彼は固定した 固定しつつある ｜ **יִהְיֶה** 彼は成る／起こる ｜ **הַר** 山／丘 山地 ｜ **בֵּית־יְהוָה** ヤハウェの家／倉 ヤハウェの家系
- **בְּרֹאשׁ** 頭／頂において ｜ **הֶהָרִים** その山々／丘々 その山地
- **וְנִשָּׂא** そして彼は 持ち上げられた／持ち上げられつつある／高くあげられた ｜ **מִגְּבָעוֹת** 丘々から 諸礼拝所から
- **וְנָהֲרוּ** そして彼らは 流れた／輝いた／晴れた ｜ **אֵלָיו** 彼へ／彼の中へと 彼に対して ｜ **כָּל־הַגּוֹיִם׃** そのすべての 国々／群れ

- **וְהָלְכוּ** そして彼らは 行った／歩んだ ｜ **עַמִּים** 諸々の民／人々 ｜ **רַבִּים** 多い／十分 ｜ **וְאָמְרוּ** そして彼らは 言った／思った
- **לְכוּ** 貴男らは 行け／歩め ｜ **וְנַעֲלֶה** そして私たちは 上がる／登る ｜ **אֶל־הַר־יְהוָה** ヤハウェの山へ／山の中へと
- **אֶל־בֵּית** ～の家へ／家の中へと ｜ **אֱלֹהֵי** ～の神／神々 ｜ **יַעֲקֹב** ヤコブ
- **וְיֹרֵנוּ** そして彼は私たちを 投げる／教える ｜ **מִדְּרָכָיו** 彼の道／旅から 彼の様式／生き方から
- **וְנֵלְכָה** そして私たちは 行きたい／歩みたい ｜ **בְּאֹרְחֹתָיו** 彼の小道／旅から 彼の生き方において
- **כִּי** 実に／なぜなら ｜ **מִצִּיּוֹן** シオンから ｜ **תֵּצֵא** 彼女は出る／出ていく ｜ **תוֹרָה** 教え／指示 律法／やり方
- **וּדְבַר־יְהוָה** そしてヤハウェのことば／出来事 ｜ **מִירוּשָׁלִָם׃** エルサレムから

וְשָׁפַט	בֵּין	הַגּוֹיִם	
そして彼は裁いた／統治した／救った	～の間に	その国々／その諸々の群れ	

וְהוֹכִיחַ	לְעַמִּים	רַבִּים
そして彼は非難した／罰した	諸々の民／人々に 諸々の民／人々のために／諸々の民／人々を	多い／十分

וְכִתְּתוּ	חַרְבוֹתָם	לְאִתִּים
そして彼らは叩き潰した／打ち直した	彼らの諸々の剣で	鋤に 鋤のために

וַחֲנִיתֹתֵיהֶם	לְמַזְמֵרוֹת
そして彼らの諸々の剣	鎌／鉄に 鎌／鉄のために

לֹא־יִשָּׂא	גוֹי	אֶל־גּוֹי	חֶרֶב
彼は上げない／持ち上げない	国／群れ	国／群れへ 国／群れに向かって	剣

וְלֹא־יִלְמְדוּ	עוֹד	מִלְחָמָה׃
そして彼らは学ばない	また／再び／さらに	戦闘／戦争

וְשָׁפַט	בֵּין	עַמִּים	רַבִּים
そして彼は裁いた／統治した／救った	～の間に	民々／人々	多い／十分

וְהוֹכִיחַ	לְגוֹיִם	עֲצֻמִים
そして彼は非難した／罰した	国々／諸々の群れに 国々／諸々の群れのために 国々／諸々の群れを	強い／夥（おびただ）しい

עַד־	רָחוֹק
～まで	遠い／距離

וְכִתְּתוּ	חַרְבֹתֵיהֶם	לְאִתִּים
そして彼らは叩き潰した／打ち直した	彼らの諸々の剣	鋤に 鋤のために

וַחֲנִיתֹתֵיהֶם	לְמַזְמֵרוֹת
そして彼らの諸々の剣	鎌／鉄に 鎌／鉄のために

לֹא־יִשְׂאוּ	גּוֹי	אֶל־גּוֹי	חֶרֶב
彼らは上げない／持ち上げない	国／群れ	国／群れへ 国／群れに向かって	剣

וְלֹא־יִלְמְדוּן	עוֹד	מִלְחָמָה׃
そして彼らは学ばない	また／再び／さらに	戦闘／戦争

STEP.3 統語

1 行目、בֵּית־יְהוָה の直訳は「ヤハウェの家」ですが、しばしば「神殿」と訳される熟語。ただし、8 行目にある同趣旨の בֵּית אֱלֹהֵי יַעֲקֹב「ヤコブの神の家」と同じように訳し「家」の訳出漏れは防ぎたいところです。ペセクの位置は **1-1** と **7-1** を強調しています。

預言は詩です。詩には類義語を畳みかける表現が多く用いられます（平行法）。「山々」と「丘々」、「彼の道」と「彼の小道」、「シオンから」と「エルサレムから」、「そして彼は裁いた」と「そして彼は罰した」、「教え」と「ヤハウェのことば」、「彼らの諸々の剣」と「彼らの諸々の槍」、「鋤に」と「鎌に」。これらは類義語として訳すべきです。

היה や נשׂא や הלך といった同じ動詞が異なる形で登場しています。どのように類似表現で訳せるかがポイントです。

それとは反対に、前置詞 אֶל と עַל、名詞 עַם と גּוֹי といった類義語をどのように訳し分けることができるのかもポイントです。ミカ書とイザヤ書で交代することが多い語群です。

動詞の多くは接続詞 וְ ＋完了形。「預言の完了」と考えてよいでしょう。未来を断言する感じです。時々登場する未完了形の訳し方に工夫が必要です。

I 2-1 נָכוֹן は、イザヤ書の位置では分詞以外では困難です。分詞として本動詞 **I 2-2** יִהְיֶה とのコンビで「固定された状態であり続けている」と訳すことができます。その場合、**I 4-1** וְנִשָּׂא も分詞として考えるほうが詩文の体裁としては良いでしょう。

その一方、ミカ書の位置 **M 3-1** では נָכוֹן を本動詞と考えて「彼が設立／固定／準備した」という翻訳もありえます。ミカ書の位置では分詞の場合、主語が不詳となり「設立／固定／準備しつつある」という翻訳となります。

M 4-2 הוּא は、וְנִשָּׂא が本動詞（「そして彼は持ち上げられた」／「そして彼は高く上げた」）であるならば強調表現です。なくても意味が通じるからです。「彼こそが」と訳したいところです。וְנִשָּׂא を分詞と考えて、הוּא を分詞の主語とすることもできますが、その場合は、語順的に וְנִשָּׂא が強調されていると捉えるべきです。

M 15 行目 עַד־רָחוֹק も強調の一種でしょう。２単語目を形容詞の名詞化用法と考えて、「遠くまで」が妥当です。全体として、ミカ書本文のほうがこの３単語分「長い表現」となっています。この「長い表現」という特徴をどのように訳文に込められるでしょうか。

M 18-2 יִשְׂאוּ と **I 17-2** יִשָּׂא の違いは、次の גּוֹי אֶל־גּוֹי の翻訳にやや影響を及ぼします。前者の場合複数の主語（三男複）なので「国に向かう国は」という意味合いで、「一括した複数の国々相互が剣を上げない」という感じでしょうか。後者の場合は、単数の主語（三男単）なので「一つの国は」というところが強調されています。「一つの国が別の国に向かって剣を上げない」といった、あまり相互的ではない（ひょっとすると一方的な攻撃といった）含みが汲み取れます。次の動詞 יִלְמְדוּן「学ぶ」が複数の主語（三男複）ですから、ミカ書のほうが類義語の畳みかけという点で滑らかです。

STEP.4 自分訳

【ミカ書 4章1-3節】

そしてその日々の終わりにおいて次のことが起こるのだ。
すなわちヤハウェの家の山が起こる。
それはその山々の頂において固まるのだ。
そしてそれこそが丘々から上げられるのだ。
そして民々がそれの上に流れるのだ。

そして多くの国々が歩むのだ。そして彼らは言うのだ。
「貴男らは歩め。そうすれば私たちはヤハウェの山へ登る。
またヤコブの神の家へ（登る）。
そして彼の道から彼が教えるのだ。
また私たちは彼の小道において歩みたい。
なぜならシオンから教えが出るからだ。
またヤハウェの言葉がエルサレムから（出るからだ）。」

そして多くの民々の間を彼は裁くのだ。
また夥(おびただ)しい国々のために彼は罰するのだ、
遠くまで。
そして彼らの剣を鋤に彼らは打ち直すのだ。
また彼らの槍を鎌に（打ち直すのだ）。
そして国に向かう国は剣を上げない。
また彼らは再び戦争を学ぶはずがない。

【イザヤ書 2章2-4節】

そしてその日々の終わりにおいて次のことが起こるのだ。
ヤハウェの家の山は、その山々の頂において、固まり続けている。

また（ヤハウェの家の山は）丘々から上げられ続けている。
そしてその国々のすべてがそれへ流れるのだ。

そして多くの民々が歩むのだ。そして彼らは言うのだ。
「貴男らは歩め。そうすれば私たちはヤハウェの山へ登る。
ヤコブの神の家へ（登る）。
そして彼の道から彼が教えるのだ。
また私たちは彼の小道において歩みたい。
なぜならシオンから教えが出るからだ。
またヤハウェの言葉がエルサレムから（出るからだ）。」

そしてその国々の間を彼は裁くのだ。
また多くの民々のために彼は罰するのだ。

そして彼らの剣を鋤に彼らは打ち直すのだ。
また彼らの槍を鎌に（打ち直すのだ）。
そして国は国へ剣を上げない。
また彼らは再び戦争を学ばない。

ミカとイザヤは紀元前8世紀に生きた同時代の預言者です。どちらも前701年のアッシリア帝国による南ユダ王国への侵略、いわゆる「エルサレム攻囲戦」を体験しているように思えます。超大国アッシリアの大軍が属国の軍隊を従えてシオンの丘へと登って来るさまを、この預言は裏返しているように読めるのです。戦争の悲惨の只中に、預言者たちは平和とは何かを語ります。神の教えを聞くこと、平和の主を囲んで座って、神の言葉を聞いて行うことです。

両本文は「国」と「民」をほぼ同義語として使います。しかし戦争の本質を言い抜く時に、両本文は共通して「国が国へ剣を上げる行為こそが戦争である」と語ります。イザヤは超大国の横暴を強調しつつ、ミカは剣を持つ国家すべての相互責任を強調しつつ。イザヤは目の前のアッシリア帝国に焦点を絞りながら、「すべての国々」に言及しますが、ミカは「遠くまで」普遍的に大小さまざまな国々を見渡しています。

「祈りの家」である「ヤハウェの家」に登りたいと願います。神の民として礼拝するためにです。しばしば疑似「神の国」になろうとする「国家」なるものからの自由を希求しながら、終わりの日の希望を抱きながら、イエスの歩んだ狭い道（ヴィア・ドロローサ）を歩みたいと願います。ミカの強い決意「再び戦争を学ぶはずがない」との言葉と、イエスの「剣を取る者はみな剣で滅びる」（マタイ26章52節参照）とを覚えながら。

STEP.5 なぞり書き

【ミカ書 4章1-3節】

וְהָיָה ׀ בְּאַחֲרִית הַיָּמִים יִהְיֶה הַר בֵּית־יְהוָה
נָכוֹן בְּרֹאשׁ הֶהָרִים וְנִשָּׂא הוּא מִגְּבָעוֹת
וְנָהֲרוּ עָלָיו עַמִּים׃

וְהָלְכוּ גּוֹיִם רַבִּים וְאָמְרוּ
לְכוּ ׀ וְנַעֲלֶה אֶל־הַר־יְהוָה וְאֶל־בֵּית אֱלֹהֵי יַעֲקֹב
וְיוֹרֵנוּ מִדְּרָכָיו וְנֵלְכָה בְּאֹרְחֹתָיו
כִּי מִצִּיּוֹן תֵּצֵא תוֹרָה וּדְבַר־יְהוָה מִירוּשָׁלִָם׃

וְשָׁפַט בֵּין עַמִּים רַבִּים וְהוֹכִיחַ לְגוֹיִם עֲצֻמִים עַד־רָחוֹק
וְכִתְּתוּ חַרְבֹתֵיהֶם לְאִתִּים וַחֲנִיתֹתֵיהֶם לְמַזְמֵרוֹת
לֹא־יִשְׂאוּ גּוֹי אֶל־גּוֹי חֶרֶב וְלֹא־יִלְמְדוּן עוֹד מִלְחָמָה׃

【イザヤ書 2章 2-4節】

וְהָיָה ׀ בְּאַחֲרִית הַיָּמִים נָכוֹן יִהְיֶה הַר בֵּית־יְהוָה
בְּרֹאשׁ הֶהָרִים וְנִשָּׂא מִגְּבָעוֹת
וְנָהֲרוּ אֵלָיו כָּל־הַגּוֹיִם׃

וְהָלְכוּ עַמִּים רַבִּים וְאָמְרוּ
לְכוּ ׀ וְנַעֲלֶה אֶל־הַר־יְהוָה אֶל־בֵּית אֱלֹהֵי יַעֲקֹב
וְיֹרֵנוּ מִדְּרָכָיו וְנֵלְכָה בְּאֹרְחֹתָיו
כִּי מִצִּיּוֹן תֵּצֵא תוֹרָה וּדְבַר־יְהוָה מִירוּשָׁלִָם׃

וְשָׁפַט בֵּין הַגּוֹיִם וְהוֹכִיחַ לְעַמִּים רַבִּים
וְכִתְּתוּ חַרְבוֹתָם לְאִתִּים וַחֲנִיתוֹתֵיהֶם לְמַזְמֵרוֹת
לֹא־יִשָּׂא גוֹי אֶל־גּוֹי חֶרֶב וְלֹא־יִלְמְדוּ עוֹד מִלְחָמָה׃

聖書のことばを黙想しましょう。

Q.10 難易度 ★★★★

ヨブ記 38章 1-4節　Job 38:1-4

1 וַֽיַּֽעַן־יְהוָה אֶת־אִיּוֹב מִן ׀ הַסְּעָרָה וַֽיֹּאמַֽר׃
2 מִי זֶה ׀ מַחְשִׁיךְ עֵצָה בְמִלִּין בְּלִי־דָֽעַת׃
3 אֱזָר־נָא כְגֶבֶר חֲלָצֶיךָ וְאֶשְׁאָלְךָ וְהוֹדִיעֵֽנִי׃
4 אֵיפֹה הָיִיתָ בְּיָסְדִי־אָרֶץ הַגֵּד אִם־יָדַעְתָּ בִינָֽה׃

作業スペース

	辞書の見出し語	品詞	分析	訳
1-1 וַֽיַּֽעַן				
1-2 יְהוָה				
1-3 אֶת				
1-4 אִיּוֹב				
1-5 מִן				
1-6 הַסְּעָרָה				
1-7 וַֽיֹּאמַר				
2-1 מִי				
2-2 זֶה				
2-3 מַחְשִׁיךְ				
2-4 עֵצָה				

2-5 בְמִלִּין				
2-6 בְּלִי				
2-7 דָֽעַת				
3-1 אֱזָר				
3-2 נָא				
3-3 כְגֶבֶר				
3-4 חֲלָצֶיךָ				
3-5 וְאֶשְׁאָלְךָ				
3-6 וְהוֹדִיעֵנִי				
4-1 אֵיפֹה				
4-2 הָיִיתָ				
4-3 בְּיָסְדִי				
4-4 אָרֶץ				
4-5 הַגֵּד				
4-6 אִם				
4-7 יָדַעְתָּ				
4-8 בִינָה				

STEP.0 音読

※「読むのが面倒」という人は、飛ばしてもかまいません

WaYYa⊂aN-⊃ăḎōNāY ⊃eṮ-⊃îYôḆ MiN HaSSe⊂āRâ
WaYYō⊃MaR.
Mî ZeH MaḤŠîḴ ⊂ēṢâ ḆeMiLLîN BeLî-Ḏā⊂aṮ.
⊃ĕZoR-Nā⊃ ḴeḠeḆeR Ḥ ăLāṢeYḴā We⊃eŠ⊃oLḴā
WeHôḎî⊂ēNî.
⊃ēP̄ōH HāYîṮā BeYoSḎî-⊃āReṢ HaGGēḎ ⊃iM-YāḎa⊂Tā ḆîNâ.

STEP.1 暗号解読

1行目

1-1 וַיַּעַן「ワウ・パタハ・強ダゲシュ」を切り落とします。残りの冒頭に「あの4人（人称接頭辞）」、ワウ継続法未完了です。「イ・イ・イェ・イェ・イト・ヤ・ヨ」の呪文を唱えると、ヒフィル語幹に見えますが、第Ⅰ語根の ע が喉音であることに注意です。Ⅰ－喉音動詞によるパタハかもしれません。*1「喉音はパタハを好む」のです。*2 また接頭辞 י を切り落とすと2文字しか残りません。Ⅰ－נ 動詞やⅠ－י 動詞、2語根動詞の気配がありません。となると何も言わずにいなくなる曲者のイタズラです。Ⅲ－ה 動詞かつⅠ－喉音動詞 ענה で辞書を引きます。*3

1-3 אֶת マケフによって後続単語と連結して短音化しています。*4 אֵת と復元してください。*5

1-5 מִנ ヌン נ が語尾形 ן になっていない奇妙な形ですが、このような「綴り方の間違え」も本文という大海原にはありえます。ペセクは、この奇妙な形に注意せよという意味で記載されたのでしょう。

1-6 הַסְּעָרָה「ヘー・パタハ・強ダゲシュ」。冠詞を切り落として辞書を引きます。*6

---

*1　ススメ153ページ。
*2　ススメ14ページ。
*3　語彙集137ページ左欄、同200、211ページ。
*4　ススメ51ページ。
*5　語彙集23ページ右欄。
*6　語彙集127ページ左欄。

1-7 וַיֹּאמַר׃ 節の終わりにあたってスィルークが付くと、アクセントの位置や母音の付き方が不規則になります。通例は וַיֹּאמֶר でしたね。

2行目

2-3 מַחְשִׁיךְ 冒頭の מ が光っています。[*7] しかし、強ダゲシュがないので前置詞ではなさそうです。ヒレク・ヨードも光っています。２語根目と３語根目の間にあるならばヒフィル語幹の目印です。[*8] となると、この מ は分詞の接頭辞ではないでしょうか。「無し・無し・メ・メ・ミト・マ・モ」の分詞の呪文を唱えましょう。[*9] やっぱりヒフィルです。חשׁך で辞書を引きましょう。[*10]

2-5 בְמִלִּין 冒頭の一文字前置詞を切り落とします。前置詞が付いている場合には、残りの部分が名詞であることを疑います。しかし、ִין という終わり方は男複独の ִים とも異なり奇妙です。実は、ִין は ִים の別形です。この部分を切り落とすと מִל が残ります。大変つらいのですが、ここから מִלָּה という名詞を復元します。しかし安心してください。מִלִּין も מִלִּים もヨブ記にしか登場しません。この際に、意味も形も丸ごと覚えれば問題ありません。[*11]

2-7 דָעַת は節の終わりで דַ が長音化しています。

3行目

3-1 אֱזָר の冒頭は「あの４人」の１人です。未完了一人称でしょうか。その割には母音の付き方が変です。一共単の呪文は少しひねりを加えて「エ・エ・ア・ア・エト・ア・オ」ですが、ハテフ・セゴルではありません。[*12] ここには３文字あります。何も補わず Ⅰ－א 動詞と想定してみましょう。母音の付き方はどうでしょう。「エオ」（小カメツ！）ですね。「エオーは命令と不定詞合成形」です。[*13] マケフで **3-2** と連結しているので短音化したのです。Ⅰ－א 動詞 אזר のパアル命令形二男単です。[*14]

3-3 כְגֶבֶר 冒頭の一文字前置詞を切り落としましょう。כְ になぜ弱ダゲシュがないかと言えば、直前の単語が長母音で終わっている場合に、このような

＊7　「暗号解読の目印とりまとめ」（→本書12ページ）。

＊8　ススメ101、106ページ。

＊9　ススメ118ページ。

＊10　語彙集65ページ右欄。

＊11　語彙集100ページ中欄。

＊12　ススメ96～97ページの未完了形の一共単を参照のこと。

＊13　ススメ112ページ。

＊14　語彙集11ページ左欄。ススメ158ページ。

発音上の不規則が起こりえます。じつは今までも起こっていた現象でした。あまり多くのことを詰め込みすぎはよくないと思い、本書ではこれ以上は触れませんが、興味のある人はほかの箇所でも探してみてください。

3-4 חֲלָצֶיךָ ֶיךָ は、「複数名詞についている人称語尾の形」のうち二男単です。[*15] この部分を切り落とし、חלץ という綴りの名詞を探します。[*16]

3-5 וָאֶשְׁאָלֶךָ これは大物です。冒頭の一文字接続詞は切り落とせますね。末尾も人称語尾の二男単でしょう。切り落とします。残る４文字のうち冒頭は「あの４人」の１人です。動詞の未完了の香りが漂っています。未完了形の七語幹見破り呪文、アレフの場合は「エ・エ・ア・ア・エト・ア・オ」です。 אֶ はパアルかニファル。第１語根に強ダゲシュがないのでパアルです。[*17] 末尾の ךָ は、「動詞の人称語尾」の二男単です。[*18] 接続詞 ו ＋動詞 שאל。パアル未完了一共単＋人称語尾二男単です。

3-6 וְהוֹדִיעֵנִי **3-5** と同じ要領で解読しましょう。冒頭の一文字接続詞は切り落とします。末尾の נִי は「動詞の人称語尾」一共単です。[*19] 第１語根の הוֹ はⅠ－י 動詞のヒフィル完了／命令／不定詞の目印です。[*20] さらにさらに第２語根と第３語根の間にある ִי は、ヒフィルの目印です。[*21] これらを総合して、接続詞 ו ＋Ⅰ－י 動詞 ידע ヒフィル完了三男単／ヒフィル不定詞合成形＋人称語尾一共単と解読します。

4行目

4-2 הָיִיתָ 末尾の１文字は、動詞の主語となる二男単に見えます。長母音の後には弱ダゲシュがいなくなるのですから、切り落とすと היי、むむ。Ⅲ－ה 動詞の場合、ה が י に変わる場合があります。[*22] あ、היה！ よく知っている動詞ではないですか。[*23]

＊15 ススメ62ページ。
＊16 語彙集58ページ右欄。
＊17 ススメ103〜104ページ。
＊18 ススメ127ページ。
＊19 ススメ127ページ。
＊20 ススメ165ページ。語彙集207〜208ページ。
＊21 ススメ101、106ページ。
＊22 ススメ174ページ。
＊23 ススメ175ページ。

4-3 בְּיָסְדִי 冒頭に一文字前置詞がありますね。末尾 ִי は「名詞につく人称語尾」の一共単です。[*24] ここで中級者の暗号解読技術を伝授します。第 I 語根に小カメツ＋第 2 語根に無音シェワ＋第 3 語根に名詞につく「人称語尾」という並びの場合、動詞パアル不定詞合成形です。[*25]「小カメツ＋無音シェワ＋人称語尾」を見かけたら「オッ」不定詞合成形と見抜きましょう。人称語尾がなければ「エオー」が不定詞合成形でしたね。[*26]

4-5 הַגֵּד おや、「ヘー・パタハ・強ダゲシュ」で冠詞かと思って גֵּד で辞書を引いても存在しません。語頭の ה にはいくつかの語幹での動詞の完了形／命令形／不定詞がありえます。[*27] 動詞だとすれば גֵּד では一つ語根不足していますから、何かを補うべきです。強ダゲシュでピンとくるべきです。置き手紙を残していなくなっているので I − נ 動詞を疑い、נגד を想定しながら不規則動詞の活用一覧に直行します。[*28] ヒフィル命令形二男単と、ヒフィル不定詞合成形が同じ形です。

4-7 יָדַעְתָּ 末尾の תָּ は動詞完了形二男単の目印です。「ターはアンター」。切り落とせば辞書の見出しそのまんまです。

STEP.2 全体一気見

וַיַּעַן	־	יְהוָה	אֶת־	אִיּוֹב	מִן	׀	הַסְּעָרָה	וַיֹּאמַר׃
そして彼は答えた／証言した		ヤハウェ	～を／に／～と共に／の近くに	ヨブ	～から／以来／～より／～よりも		その嵐／竜巻／暴風雨	そして彼は言った

מִי	זֶה	׀	מַחְשִׁיךְ	עֵצָה	בְמִלִּין	בְּלִי	־	דָעַת׃
誰か／何を	彼は／これは		暗くし続ける／暗くなり続ける	助言／計画／反抗／木々	諸言葉の中に／諸言葉によって	～の腐食～ない		知識／洞察／権利／汗

אֱזָר	־	נָא	כְגֶבֶר	חֲלָצֶיךָ	וְאֶשְׁאָלְךָ	וְהוֹדִיעֵנִי׃
貴男は着よ／装備せよ		どうか／さあ	男性のように／強者のように	貴男の双腰	そして私は貴男に尋ねる／頼む	そして私に知らせた／知らせること

אֵיפֹה	הָיִיתָ	בְּיָסְדִי	־	אָרֶץ	הַגֵּד	אִם־	יָדַעְתָּ	בִינָה׃
どこ	貴男は成った／いた	私が設けた時／基礎を据えた時		地／領地／地面／国	貴男は告げよ／告げること	もし～ならば／～かどうか／たとえ～でも	貴男は知った	理解力／知／知者／分別／わかること

---

*24 ススメ62ページ。

*25 ススメ130～131ページ。語彙集75ページ左欄。

*26 ススメ123ページ。

*27 「暗号解読の目印とりまとめ」(→本書12ページ) 参照。

*28 語彙集205～207ページ。

STEP.3 統語

1行目の2つのワウ継続法未完了は、直前までの物語を受けています。2行目からがヤハウェの発言となります。「答える」という動詞が先にあり、次に「言う」という順番から、「答える」は「応答する」「応える」の意味合いが強いものです。神の応答は直前まで語っているエリフにではなく、31章40節で語り終えたヨブに対してなされます。

1行目は「そしてヤハウェはヨブと共に証言した」とも訳せます。これは裏シナリオで実はヨブ記の結末と合致します。最終的に神は三人の友人を咎め、ヨブの正しさを認めるからです（42章7-9節）。神はヨブの傍らにいます。

2行目・3行目・4行目の後半に、「知る」ידע とその派生語が並んでいます。訳語にも「知」の字を入れたいところです。

2行目はヨブの長い演説に対する批判でしょう。継続の意味の分詞を訳出すべきです。「知識」דַּעַת と「木々」עֵצָה の組み合わせは、創世記2章9節「知識の木」עֵץ הַדַּעַת を思い起こさせます。

3行目、「腰」は、実は双数形です。だから腰は「股」のイメージで考えられます。「腰帯を締める」は「ふんどしを締め直す」に似た表現です。構文上、「貴男は腰帯を締めよ……そうすれば私は貴男に尋ねる」とも、「そして私は貴男に尋ねる」とも訳せます。前者の場合は、ヨブの次の行動がなければ神は問うことを始めないことになります。後者の場合は、ヨブの次の行動と無関係に神は問うことを始めることができます。

3-6 の動詞は、訳し方によってヤハウェの発言内容が大きく変わります。「そして彼（ヤハウェ）は私（ヨブ）に知らせた」ならば、この発言のみヤハウェのセリフではなく、ヨブのセリフとなります。ヨブはこのセリフを言いながら、腰帯を締めたのでしょう。不定詞合成形であれば、「そしてわたしが知らせる」と訳せます。[*29] この場合、ヤハウェの発言は続きます。ヤハウェにとって、尋ねることは知らせることです。神は非常に教育的なお方なのです。

4-1「どこか」אֵיפֹה は、創世記3章9節「あなたはどこか」אַיֶּכָּה という根源的な質問に通じます。4行目には動詞が4つもあり、「主節＋従属節」の組み合わせが2つあります。בְּיָסְדִי は従属節、不定詞合成形の「時の副詞」という用法です。[*30] この場合、人称語尾が主語となります。[*31] 主節の הָיִיתָ は完了形、そして4つ目の動詞 יָדַעְתָּ も完了形です。

＊29　ススメ130～131ページ。

＊30　ススメ124ページ。

＊31　ススメ130～131ページ。

神はヨブの主観的な強い意志があるのかないのかを問うています。あなたは、「天地創造の時にわたしは生じていたのだ、わたしは知を知りぬいていたのだ」と、言い切れるのか。神はヨブを問い詰めています。

STEP.4 自分訳

そしてヤハウェはその竜巻からヨブに応えた。そして彼は言った。

知識のない諸々の言葉によって木々を暗くし続けているこの男性は誰なのか。

どうか強者のように貴男は貴男の腰（に）腰帯を締めてくれ。そうすればわたしは貴男に尋ねる。そしてわたしが知らせる。

わたしが地の基礎を据えた時に貴男はどこに居たのか。もしも貴男が知（を）知っていたのならば貴男は告げよ。

真の「知」とは何なのでしょうか。「知識のない諸々の言葉」が情報としてあふれかえっています。膨大な情報の渦が私たちを呑み込み、自分がどこにいるのかもわからなくさせられています。

私たちは神の前で己の無知をさらけ出し、ヤハウェを畏れることからすべてを始める意思を持ちたいものです。ややマッチョに過ぎる言い方が気になりますが、「ふんどしを締め直すような覚悟」こそが真の「知」なのでしょう。

言葉を尽くして神に問い続け、自らの潔白を立証するヨブは十分に「強者」です。彼に必要なことはただ一つ。「知らないということを知ること」、つまり「弱さ」を認める勇気を持つことです。私たちは弱い時にこそ強いという逆説に生きるものです。この逆説の真理は神に問われることによって知らされます。あなたはどこにいるのか。私たちはイエス・キリストを知るという知識の絶大な価値のもとにいます。

STEP.5 なぞり書き

וַיַּעַן־יְהוָה אֶת־אִיּוֹב מִנ ׀ הַסְּעָרָה וַיֹּאמַר׃
מִי זֶה ׀ מַחְשִׁיךְ עֵצָה בְמִלִּין בְּלִי־דָעַת׃
אֱזָר־נָא כְגֶבֶר חֲלָצֶיךָ וְאֶשְׁאָלְךָ וְהוֹדִיעֵנִי׃
אֵיפֹה הָיִיתָ בְּיָסְדִי־אָרֶץ הַגֵּד אִם־יָדַעְתָּ בִינָה׃

聖書のことばを黙想しましょう。

Q.11 難易度 ★★★

列王記 第一　19章 8-9節　1 Kings 19:8-9

1 וַיָּקָם וַיֹּאכַל וַיִּשְׁתֶּה וַיֵּלֶךְ בְּכֹחַ ׀ הָאֲכִילָה הַהִיא
2 אַרְבָּעִים יום וְאַרְבָּעִים לַיְלָה עַד הַר הָאֱלֹהִים חֹרֵֽב׃
3 וַיָּבֹא־שָׁם אֶל־הַמְּעָרָה וַיָּלֶן שָׁם וְהִנֵּה דְבַר־יְהוָה אֵלָיו
4 יֹּאמֶר לוֹ מַה־לְּךָ פֹּה אֵלִיָּהוּ׃

作業スペース

	辞書の見出し語	品詞	分析	訳
1-1 וַיָּקָם				
1-2 וַיֹּאכַל				
1-3 וַיִּשְׁתֶּה				
1-4 וַיֵּלֶךְ				
1-5 בְּכֹחַ				
1-6 הָאֲכִילָה				
1-7 הַהִיא				
2-1 אַרְבָּעִים				
2-2 יוֹם				
2-3 וְאַרְבָּעִים				
2-4 לַיְלָה				

2-5 עַד				
2-6 הַר				
2-7 הַאֱלֹהִים				
2-8 חֹרֵב				
3-1 וַיָּבֹא				
3-2 שָׁם				
3-3 אֶל				
3-4 הַמְּעָרָה				
3-5 וַיָּלֶן				
3-6 שָׁם				
3-7 וְהִנֵּה				
3-8 דְבַר				
3-9 יְהוָה				
3-10 אֵלָיו				
4-1 וַיֹּאמֶר				
4-2 לוֹ				
4-3 מַה				
4-4 לְךָ				
4-5 פֹה				
4-6 אֵלִיָּהוּ				

STEP.0 音読

※「読むのが面倒」という人は、飛ばしてもかまいません

WaYYāQoM WaYYōᵓḴaL WaYYiŠTeH WaYYēLeḴ BᵉḴōaḤ
Hāᵓă ḴîLâ HaHîᵓ
ᵓaRBāᶜîM YôM Wᵉᵓ aRBāᶜîM LaYLâ ᶜaḎ HaR Hāᵓĕ LōHîM
ḤōRēḆ.
WaYYāḆōᵓ-ŠāM ᵓeL-HaMMeᶜāRâ WaYYāLeN ŠâM
WᵉHiNNēh ḎᵉḆaR-ᵓă ḎōNāY ᵓēLāYW
WaYYōᵓMeR Lô MaH-LLᵉḴā P̄ōH ᵓēLîYāHû.

STEP.1 暗号解読

1行目

1-1 וַיָּקָם 「ワウ・パタハ・強ダゲシュ」、「あの４人（人称接頭辞）」の１人、ワウ継続法未完了です。切り落とすと２文字しか残りません。このような場合、「あの４人」に付いている母音を見ます。大カメツの場合は二語根動詞です。[＊1]

1-2 וַיֹּאכַל 「ワウ・パタハ・強ダゲシュ」、「あの４人」の１人、ワウ継続未完了です。Ⅰ－א動詞ですね。[＊2]

1-3 וַיִּשְׁתֶּה 「ワウ・パタハ・強ダゲシュ」、「あの４人」の１人、ワウ継続未完了です。Ⅲ－ה動詞ですが、ありがたいことにהが脱落しない形です。[＊3]

1-4 וַיֵּלֶךְ 「ワウ・パタハ・強ダゲシュ」、「あの４人」の１人、ワウ継続法未完了です。切り落とすと２文字しか残りません。このような場合、「あの４人」に付いている母音を見ます。ツェレーの場合Ⅰ－י動詞です。יָלַךְまで復元できたら、もうおわかりですね。הָלַךְです。[＊4]

1-5 בְּכֹחַ 冒頭の一文字前置詞を切り落とし、辞書を引きましょう。[＊5]

1-6 הָאֲכִילָה 冒頭の冠詞を切り落とし、辞書を引きましょう。[＊6] 長音化も覚えましたね。[＊7]

＊1　ススメ170ページ。語彙集157ページ右欄、209ページ。
＊2　語彙集13ページ右欄、205ページ。
＊3　語彙集190ページ右欄、211ページ。ワウが付かない単なる三男単と同じ形です。
＊4　ススメ166ページ。語彙集47ページ右欄、207～208ページ。
＊5　語彙集82ページ右欄。
＊6　語彙集13ページ右欄。
＊7　ススメ41ページ。

1-7 **הַהִיא** 指示代名詞の修飾用法です。指示代名詞の中には人称代名詞と同じ形の単語があります。冠詞の一致と語順を見破りましょう。[*8]

2行目

2行目は、ノーヒントでいきましょう。いける、いける。すらすら読めてますよ！　すごいことです。

3行目

3-1 **וַיָּבֹא** **1-1** と同じ要領です。２語根動詞となれば、**בִּיא** か **בוּא** か **בּוֹא** かのどれかです。[*9]

3-4 **הַמְּעָרָה** 「ヘー・パタハ・強ダゲシュ」。[*10]

3-5 **וַיָּלֶן** **3-1** と同じ要領です。二語根動詞となれば、**לִין** か **לוּן** か **לוֹן** かのどれかです。[*11]

3-7 **וְהִנֵּה** 一文字接続詞を切り落とします。

3-8 **דְבַר** 名詞の合成形なので短音化しています。[*12]

3-10 **אֵלָיו** 複数名詞型の大きい前置詞に人称語尾がついた場合です。[*13]

4行目

4-1 **וַיֹּאמֶר** わーい読める。

4-2 **לוֹ** 一文字前置詞に人称語尾がついた場合です。[*14]

4-4 **לְךָ** **4-2** と同じ要領です。

STEP.2 全体一気見

וַיָּקָם	וַיֹּאכַל	וַיִּשְׁתֶּה	וַיֵּלֶךְ	בְּכֹחַ	הָאֲכִילָה	הַהִיא
そして彼は起きた	そして彼は食べた	そして彼は飲んだ	そして彼は歩いた／出た／行った	力／強さで 力／強さの中で 力／強さによって	その食べ物	その彼女の

אַרְבָּעִים	יוֹם	וְאַרְבָּעִים	לַיְלָה	עַד	הַר	הָאֱלֹהִים	חֹרֵב׃
40／40番目の	日／昼	～と40／40番目	夜	～まで／永遠に／～の永遠	～の山／丘	その神／神々	ホレブ

＊8　ススメ78ページ。語彙集47ページ左欄。

＊9　語彙集25ページ中欄。

＊10　語彙集105ページ左欄。

＊11　語彙集89ページ中欄、90ページ左欄。

＊12　ススメ51ページ。

＊13　ススメ67～68ページ。

＊14　ススメ64ページ。

וַיָּבֹא־	שָׁם	אֶל־	הַמְּעָרָה	וַיָּלֶן	שָׁם
そして彼は来た／入った	そこに	～へ／～に向かって	その洞穴／その裸の場所	そして彼は泊まった／残した	そこに

וְהִנֵּה	דְבַר־	יְהוָה	אֵלָיו
そして見よ	～の言葉／～の出来事	ヤハウェの	彼へ／彼に向かって

וַיֹּאמֶר	לוֹ	מַה־	לְךָ	פֹּה	אֵלִיָּהוּ׃
そして彼は言った	彼のために／彼に	何	貴男のために貴男に	ここに／ここへ	エリヤ

STEP.3 統語

ワウ継続法未完了はヘブル語物語（過去についての語り）の花形です。特に1行目の4連発は圧巻です。著者は先へ先へとスピード感をもって物語を進めたいのですから、その気持ちを汲んだ翻訳が望まれます。たとえば「彼は起き、彼は食べ、彼は飲み、彼は歩いた」という具合です。接続詞ワウは「、」で訳出されています。人称代名詞を用いたがらない日本語では「彼は」の連続ですら冗長ですが。ペセクは「その食べ物」を強調しています。

2行目「40日と40夜」は十分に長い期間を指す表現です。たとえばノアの洪水物語でも雨は「40日と40夜」降り続け（創世7章4節）、モーセがシナイ山にいた期間も「40日と40夜」でした（出エジプト24章18節）。さらにイエス・キリストの荒野の誘惑も40日間続きました（マタイ4章2節）。

3行目「そこに」が2回繰り返され、強調されています。「ホレブ」は神の山、そこに神がおられるのです（出エジプト3章1節）。エリヤは第2のモーセとして描かれています。「そこ」は4行目「ここ」と呼応しています。

「そして見よ、ヤハウェの言葉が彼に向かって」は、一転して名詞文。ワウ継続法の只中で異彩を放っています。ここで動作の主体がエリヤから神へと転換されます。二回の「そこに」と「～に向かって」も呼応しています。洞穴に向かってきたエリヤに向かって、神の言葉が臨みます。

4行目は前置詞 לוֹ の翻訳の仕方が肝でしょう。神は単に「エリヤに」言ったのではなく「エリヤのために」言ったとも訳せます。神の発言中の לְךָ も「貴男にとって」とも訳せますし、「貴男に属する」とも訳せます。前者ならば「貴男にとってここは何か」という問いになりますし、後者ならば「ここで何が貴男に属するのか」という問いにもなりえます。どちらも根源的な問いです。神の山とは何か、神の山で自分が所有をしうるものがありうるのか。

エリヤの名前は、「私の神はヤフ」という意味を持ちます。「ヤフ」は神の名前ヤハウェの短縮形です。

STEP.4 自分訳

そして彼は起き、食べ、飲み、歩いた。その食べ物の力によって、40日と40夜、神の山ホレブまで。そして彼はそこでその洞穴へと入り、そこで泊まった。そして見よ、ヤハウェの言葉が彼に向かって。そして彼は彼のために言った。「あなたにとってここは何か。エリヤよ。」

「私の神はヤフ」という信仰告白を冠した名前をひっさげ、その名前にふさわしい華々しい闘争に勝利したエリヤ（18章）。彼は多くの敵を殺しました。しかし英雄は一転、19章で逃走します。ヤハウェに対する信仰のゆえに殺されることが嫌だったからです。

そのエリヤの信仰がなくならないように、ヤハウェの神は特別な食べ物によって、その逃避行を支え、ご自身と出会う機会を備えました。強いエリヤの敵殺害は、強いエジプト王子モーセの敵殺害と似ています。弱くなったエリヤへの神の召しは、亡命し老いて弱くなったモーセへの神の召しと似ています。神は弱い者・小さい者・愚かな者を召し出す方です。それだから、弱い時にこそ強いという逆説が成立します。なんという恵みでしょうか。この恵みの前で自分に属する誇りが一体存在しうるのでしょうか。

「あなたにとってここは何か。」

エリヤが相当の期間、孤独に歩き続け、自らの存在の最も深いところに落ちた時、つまりどん底を経験した時、真に神に出会うこととなります。人はそのようにして信仰に導かれ、新しい使命へと押し出されるものです。

「私の神ヤハウェ。私をあわれんでください。」

STEP.5 なぞり書き

וַיָּקָם וַיֹּאכַל וַיִּשְׁתֶּה וַיֵּלֶךְ בְּכֹחַ ׀ הָאֲכִילָה הַהִיא
אַרְבָּעִים יוֹם וְאַרְבָּעִים לַיְלָה עַד הַר הָאֱלֹהִים חֹרֵב׃
וַיָּבֹא־שָׁם אֶל־הַמְּעָרָה וַיָּלֶן שָׁם
וְהִנֵּה דְבַר־יְהוָה אֵלָיו
וַיֹּאמֶר לוֹ מַה־לְּךָ פֹה אֵלִיָּהוּ׃

聖書のことばを黙想しましょう。

不規則な名詞 ＋ 人称語尾

	מֶ֫לֶךְ	רֵעֶה	עַם	אָב	בֵּן
男単独	מֶ֫לֶךְ	רֵעֶה	עַם	אָב	בֵּן
男単合	מֶ֫לֶךְ	רֵעֵה	עַם	אֲב אֲבִי	בֶּן־ בִּן־
＋一共単	מַלְכִּי	רֵעִי	עַמִּי	אָבִי	בְּנִי
＋二男単	מַלְכְּךָ	–	עַמְּךָ עַמֶּךָ	אָבִיךָ	בִּנְךָ
＋二女単	מַלְכֵּךְ	–	עַמֵּךְ	אָבִיךְ	בְּנִךְ בְּנֵךְ
＋三男単	מַלְכּוֹ	רֵעֵ֫הוּ	עַמּוֹ	אָבִ֫יהוּ אָבִיו	בְּנוֹ
＋三女単	מַלְכָּהּ	רֵעָהּ	עַמָּהּ	אָבִ֫יהָ	–
＋一共複	מַלְכֵּ֫נוּ	–	עַמֵּנוּ	אָבִ֫ינוּ	–
＋二男複	מַלְכְּכֶם	רֵעֲכֶם	עַמְּכֶם	אֲבִיכֶם	בִּנְכֶם
＋二女複	מַלְכְּכֶן	רֵעְכֶן	עַמְּכֶן	אֲבִיכֶן	בִּנְכֶן
＋三男複	מַלְכָּם	–	עַמָּם	אֲבִיהֶם	–
＋三女複	מַלְכָּן	–	עַמָּן	אֲבִיהֶן	–
男複独	מְלָכִים	רֵעִים	עַמִּים	אָבוֹת	בָּנִים
男複合	מַלְכֵי	רֵעֵי	עַמֵּי	אֲבוֹת	בְּנֵי
＋一共単	מְלָכַי	–	עַמַּי	אֲבוֹתַי	בָּנַי בָּנָי
＋二男単	מְלָכֶ֫יךָ	רֵעֶ֫יךָ	עַמֶּ֫יךָ	אֲבוֹתֶ֫יךָ	בָּנֶ֫יךָ

+ 二女単	מְלָכָיִךְ	רֹעַיִךְ	–	אֲבוֹתַיִךְ	בָּנָיִךְ בָּנַיִךְ
+ 三男単	מְלָכָיו	–	עַמָּיו	אֲבוֹתָיו	בָּנָיו
+ 三女単	מְלָכֶיהָ	–	עַמֶּיהָ	אֲבוֹתֶיהָ	בָּנֶיהָ
+ 一共複	מְלָכַינוּ	–	–	אֲבוֹתֵינוּ	בָּנֵינוּ
+ 二男複	מְלָכֵיכֶם	רֹעֵיכֶם	עַמֵּיכֶם	אֲבוֹתֵיכֶם	בְּנֵיכֶם
+ 二女複	מְלָכֵיכֶן	רֹעֵיכֶן	עַמֵּיכֶן	אֲבוֹתֵיכֶן	בְּנֵיכֶן
+ 三男複	מְלָכֵיהֶם	–	–	אֲבוֹתָם אֲבוֹתֵיהֶם	בְּנֵיהֶם
+ 三女複	מְלָכֵיהֶן	–	–	אֲבוֹתָן	בְּנֵיהֶן

I−נ動詞 נפל（落ちる）のパアル語幹　完了・未完了・指示／命令／願望

	完了	未完了	指示／命令／願望
三男単	נָפַל	יִפֹּל	指示 יִפֹּל
三女単	נָֽפְלָה	תִּפֹּל	指示 תִּפֹּל
二男単	נָפַלְתָּ	תִּפֹּל	命令 נְפֹל
二女単	נָפַלְתְּ	תִּפְּלִי	命令 נִפְלִי
一共単	נָפַלְתִּי	אֶפֹּל	願望 אֶפְּלָה
三共複／三男複	נָֽפְלוּ	יִפְּלוּ	指示 יִפְּלוּ
三女複	–	תִּפֹּלְנָה	指示 תִּפֹּלְנָה
二男複	נְפַלְתֶּם	תִּפְּלוּ	命令 נִפְלוּ
二女複	נְפַלְתֶּן	תִּפֹּלְנָה	命令 נִפֹלְנָה
一共複	נָפַלְנוּ	נִפֹּל	願望 נִפְּלָה
ו+三男単	–	וַיִּפֹּל	–

I－נ動詞 נפל パアル不定詞

合成形	独立形
נְפֹל	נָפוֹל

III－א動詞 מצא（見つける）の七語根一覧 完了の視座

	パアル	ニファル	ピエル	プアル	ヒトパエル	ヒフィル	ホファル
三男単	מָצָא	נִמְצָא	מִצֵּא	מֻצָּא	הִתְמַצֵּא	הִמְצִיא	הֻמְצָא
三女単	מָצְאָה	נִמְצְאָה	מִצְּאָה	מֻצְּאָה	הִתְמַצְּאָה	הִמְצִיאָה	הֻמְצְאָה
二男単	מָצָאתָ	נִמְצֵאתָ	מִצֵּאתָ	מֻצֵּאתָ	הִתְמַצֵּאתָ	הִמְצֵאתָ	הֻמְצֵאתָ
二女単	מָצָאת	נִמְצֵאת	מִצֵּאת	מֻצֵּאת	הִתְמַצֵּאת	הִמְצֵאת	הֻמְצֵאת
一共単	מָצָאתִי	נִמְצֵאתִי	מִצֵּאתִי	מֻצֵּאתִי	הִתְמַצֵּאתִי	הִמְצֵאתִי	הֻמְצֵאתִי
三共複	מָצְאוּ	נִמְצְאוּ	מִצְּאוּ	מֻצְּאוּ	הִתְמַצְּאוּ	הִמְצִיאוּ	הֻמְצְאוּ
二男複	מְצָאתֶם	נִמְצֵאתֶם	מִצֵּאתֶם	מֻצֵּאתֶם	הִתְמַצֵּאתֶם	הִמְצֵאתֶם	הֻמְצֵאתֶם
二女複	מְצָאתֶן	נִמְצֵאתֶן	מִצֵּאתֶן	מֻצֵּאתֶן	הִתְמַצֵּאתֶן	הִמְצֵאתֶן	הֻמְצֵאתֶן
一共複	מָצָאנוּ	נִמְצֵאנוּ	מִצֵּאנוּ	מֻצֵּאנוּ	הִתְמַצֵּאנוּ	הִמְצֵאנוּ	הֻמְצֵאנוּ

III－א動詞 מצא（見つける）の七語根一覧 未完了の視座

	パアル	ニファル	ピエル	プアル	ヒトパエル	ヒフィル	ホファル
三男単	יִמְצָא	יִמָּצֵא	יְמַצֵּא	יְמֻצָּא	יִתְמַצֵּא	יַמְצִיא	יֻמְצָא
三女単	תִּמְצָא	תִּמָּצֵא	תְּמַצֵּא	תְּמֻצָּא	תִּתְמַצֵּא	תַּמְצִיא	תֻּמְצָא
二男単	תִּמְצָא	תִּמָּצֵא	תְּמַצֵּא	תְּמֻצָּא	תִּתְמַצֵּא	תַּמְצִיא	תֻּמְצָא
二女単	תִּמְצְאִי	תִּמָּצְאִי	תְּמַצְּאִי	תְּמֻצְּאִי	תִּתְמַצְּאִי	תַּמְצִיאִי	תֻּמְצְאִי
一共単	אֶמְצָא	אֶמָּצֵא	אֲמַצֵּא	אֲמֻצָּא	אֶתְמַצֵּא	אַמְצִיא	אֻמְצָא
三男複	יִמְצְאוּ	יִמָּצְאוּ	יְמַצְּאוּ	יְמֻצְּאוּ	יִתְמַצְּאוּ	יַמְצִיאוּ	יֻמְצְאוּ
三女複	תִּמְצֶאנָה	תִּמָּצֶאנָה	תְּמַצֶּאנָה	תְּמֻצֶּאנָה	תִּתְמַצֶּאנָה	תַּמְצֶאנָה	תֻּמְצֶאנָה
二男複	תִּמְצְאוּ	תִּמָּצְאוּ	תְּמַצְּאוּ	תְּמֻצְּאוּ	תִּתְמַצְּאוּ	תַּמְצִיאוּ	תֻּמְצְאוּ
二女複	תִּמְצֶאנָה	תִּמָּצֶאנָה	תְּמַצֶּאנָה	תְּמֻצֶּאנָה	תִּתְמַצֶּאנָה	תַּמְצֶאנָה	תֻּמְצֶאנָה
一共複	נִמְצָא	נִמָּצֵא	נְמַצֵּא	נְמֻצָּא	נִתְמַצֵּא	נַמְצִיא	נֻמְצָא
ו＋三男単	וַיִּמְצָא	וַיִּמָּצֵא	וַיְמַצֵּא	וַיְמֻצָּא	וַיִּתְמַצֵּא	וַיַּמְצֵא	וַיֻּמְצָא

III－א動詞 מצא（見つける）の七語幹一覧　分詞

	パアル能動	パアル受動	ニファル	ピエル	プアル	ヒトパエル	ヒフィル	ホファル
男単独	מֹצֵא	מָצוּא	נִמְצָא	מְמַצֵּא	מְמֻצָּא	מִתְמַצֵּא	מַמְצִיא	מֻמְצָא
女単独	מֹצֵאת	–	–	–	–	–	–	–

III－א動詞 מצא（見つける）の七語幹一覧　不定詞

	パアル	ニファル	ピエル	プアル	ヒトパエル	ヒフィル	ホファル
独立形	מָצוֹא	נִמְצֹא	מַצֹּא	מֻצֹּא	הִתְמַצֹּא	הַמְצֵא	הֻמְצֵא
合成形	מְצֹא	הִמָּצֵא	מַצֵּא	מֻצָּא	הִתְמַצֵּא	הַמְצִיא	הֻמְצָא

III－א動詞 מצא（見つける）の五語幹一覧　指示／命令／願望

		パアル	ニファル	ピエル	ヒトパエル	ヒフィル
三男単	指示	יִמְצָא	יִמָּצֵא	יְמַצֵּא	יִתְמַצֵּא	יַמְצֵא
三女単	指示	תִּמְצָא	תִּמָּצֵא	תְּמַצֵּא	תִּתְמַצֵּא	תַּמְצֵא
二男単	命令	מְצָא	הִמָּצֵא	מַצֵּא	הִתְמַצֵּא	הַמְצֵא
二女単	命令	מִצְאִי	הִמָּצֳאִי	מַצְּאִי	הִתְמַצְּאִי	הַמְצִיאִי
一共単	願望	אֶמְצְאָה	אֶמָּצֳאָה	אֲמַצְּאָה	אֶתְמַצְּאָה	אַמְצִיאָה
三男複	指示	יִמְצְאוּ	יִמָּצֳאוּ	יְמַצְּאוּ	יִתְמַצְּאוּ	יַמְצִיאוּ
三女複	指示	תִּמְצֶאנָה	תִּמָּצֶאנָה	תְּמַצֶּאנָה	תִּתְמַצֶּאנָה	תַּמְצֶאנָה
二男複	命令	מִצְאוּ	הִמָּצֳאוּ	מַצְּאוּ	הִתְמַצְּאוּ	הַמְצִיאוּ
二女複	命令	מְצֶאנָה	הִמָּצֶאנָה	מַצֶּאנָה	הִתְמַצֶּאנָה	הַמְצֶאנָה
一共複	願望	נִמְצְאָה	נִמָּצֳאָה	נְמַצְּאָה	נִתְמַצְּאָה	נַמְצִיאָה

おわりに

スポーツの世界では競技人口を増やすことがそのスポーツのレベルアップにつながると言われます。30年前のJリーグ発足によって、サッカーに興(きょう)じる子どもたちが爆発的に増え、今や日本がワールドカップ決勝進出常連国になっていることはその証(あか)しです。

「聖書によって人生を導かれよう」という正典信仰を持つ教会においても、同じことが言えるのではないかと思っています。一握りの専門家だけがヘブル語を読めても、全体のレベルは上がりません。聖書を味わい尽くす敬虔さ、聖書から世相を斬る鋭さ、聖書を実際に生きる凄み、原典によってそれらは養われます。それが聖書に魅力を感じる人を増やしていくと思うのです。原典直解を、聖書学者や、語学オタクの牧師だけに独占させるには、実にもったいない。

「主の民がみな、預言者となり」（民数記11章29節）、正典を原語で直解する「素人」が増えることによって、なおいっそう正典宗教の楽しさが多くの人に伝わり、多くの人が神の言葉を自分の言葉で（「自分訳」のことです！）伝えることになるのではないか。学者でも何でもない一介の牧師が、大それた本を書き続ける理由はそこにあります。

「文法的に間違えでなければ、恥ずかしがらずに、独創的自分訳を編み出していきなさい」と、米国の師匠ナンシー・デクラッセ・ウォルフォード教授（Dr. Nancy deClaissé-Walford）は励ましてくれました。加えて言えば、その自分訳が自分を活かし、隣人を活かす内容を湛(たた)える「福音」であるならば、自信をもって公にしていくべきでしょう。本書に掲げた拙訳も、ひとつの訳例です。

しかし、どうやってヘブル語を解読できるのでしょうか。「導いてくれる人がいなければ、どうして分かるでしょうか」（使徒の働き8章31節）。本書の手ほどきが原典を読むことのハードルを少しでも下げ、一人でも多くの人が正典を「直解」できるようになることの助けになれば、幸いです。道具（文法書や辞書）は目の前にあります。問題は、効率の良い使い方をマスターするだけです。

独学に疲れたら、東京バプテスト神学校でヘブル語・ギリシア語を一緒に楽しく学びませんか（URL・https://tbts.jp/）。

2024年　春

城倉　啓

著者

城倉 啓（じょうくら・けい）

1969年、東京生まれ。西南学院大学神学部専攻科修了後、日本バプテスト連盟松本蟻ケ崎キリスト教会の牧師に就任。2002年、米国マーサ大学マカフィー神学院修士課程修了後、志村バプテスト教会牧師を経て、現在、泉バプテスト教会牧師、東京バプテスト神学校講師（ヘブル語やギリシア語聖書語学関連）。
著書に『超入門 ヘブル語のススメ』、編著に『ヘブル語語彙集』（以上、いのちのことば社）等がある。

超実践　ヘブル語文法の手ほどき
原典を書いて、読んで、味わう

2024年4月10日　発行

著　者　　城倉　啓
装　丁　　梶原結実
印刷製本　日本ハイコム株式会社
発　行　　いのちのことば社
〒164-0001 東京都中野区中野2-1-5
電話03-5341-6924（編集）
03-5341-6920（営業）
FAX 03-5341-6921
e-mail:support@wlpm.or.jp
http://www.wlpm.or.jp/

乱丁落丁はお取り替えします
ISBN 978-4-264-04482-6